AF650833

Tim Dowley
Illustrierter Atlas der Weltreligionen

Ebenfalls in der Reihe erschienen:

*Illustrierter Atlas zur Geschichte des Christentums*: Tim Dowley, 2019

*Atlas der Reformation in Europa,* Tim Dowley, 2016

# Illustrierter Atlas der Weltreligionen

Tim Dowley

Kartograf Nick Rowland FRGS

aus dem Englischen von Ernst Neumann

neukirchener

Text der englischen Originalausgabe © 2018 Fortress Press/ ZipAddress Ltd. Original edition published in English under the title Atlas of Christian History by Lion Hudson IP Ltd, Oxford, England, under license from Fortress Press/ ZipAddress Ltd.

Bibliografische Information der Deutschen Nationalbibliothek:
Die Deutsche Nationalbibliothek verzeichnet diese Publikation in der Deutschen Nationalbibliografie; detaillierte bibliografische Daten sind im Internet über http://dnb.d-nb.de abrufbar.

© 2020 Neukirchener Verlagsgesellschaft mbH, Neukirchen-Vluyn
Alle Rechte vorbehalten
Umschlaggestaltung: Alisha Lofgren unter Verwendung von Bildern von dreamstime.com: (von oben, v.l.n.r.) © Sean Pavone © Kalcutta, ©, Kobby Dagan © Onefivenine, © Sudhir0602, © Pniesen, © Konstantin Kaltygin
Lektorat: Ekkehard Starke
DTP: Trevor Bounford, www.bounford.com
Verwendete Schriften: Futura, Minion, Myriad, Univers
Printed in Malaysia
ISBN 978-3-7615-6682-4

www.neukirchener-verlage.de

**Bildnachweise**

Dreamstime.com:
S. 14–15 und Umschlag © Onefivenine
S. 26 und Umschlag © Alexandre Fagundes De Fagundes
S. 32–33 und Umschlag, S. 125 © Pniesen
S. 38 © Kshishtofp
S. 42 und Umschlag © Kalcutta
S. 44–45 und Umschlag © Sudhir0602
S. 54 © Yamitato
S. 56 und Umschlag © Sean Pavone
S. 58–59 © Lamzin Vladimir Lamzin Vladimir
S. 72 © Alan Kolnik
S. 80–81 und Umschlag © Kobby Dagan
S. 82 © Yoav Sinai
S. 96 © Checco
S. 107 © Ken Wolter
S. 108–109 © Ahmad Faizal Yahya
S. 114 und Umschlag © Konstantin Kaltygin
S. 124 © Marta Beckett
S. 132–33 © Chalermphon Kumchai
S. 141 © Hoang Bao Nguye
S. 148 © Joserpizarro

Die Religion erleuchtet freilich, erschreckt, unterwirft; sie gibt den Glauben, erweckt Gewissensbisse, flüstert Entscheidungen ein, lockt Tränen hervor, entflammt fromme Hingabe [...]

JOHN HENRY NEWMAN (1801–1890)

# Inhaltsverzeichnis

# Kartenverzeichnis

# Vorwort

Dieser Atlas möchte die großen Weltreligionen und ihre Ableger untersuchen: ihre Ursprünge und ihre geschichtliche Entwicklung, ihren heutigen Einfluss und ihre geografische Verteilung. Auch einige Religionen der antiken Welt werden unter die Lupe genommen. Da das Buch verhältnismäßig kurz ist, war es notwendig, die Auswahl von Themen und historischen Zeitabschnitten einzugrenzen. Das Judentum im Mittelalter wird beispielsweise nicht angesprochen, da dieses Thema vollumfänglich im Begleitwerk dieses Atlas', dem *Illustrierten Atlas zur Geschichte des Christentums,* behandelt wird. Auch wichtige Aspekte der Kirchengeschichte – wie die Entwicklung der Monastik, die Macht und der Einfluss des Papsttums im Hochmittelalter, die Protestantische und Katholische Reformation und die Religionskriege, die darauf folgten – werden ausgiebig im *Illustrierten Atlas* besprochen. Eine nochmalige Behandlung dieser Themen in diesem Buch wäre nach unserem Ermessen überflüssig gewesen.

Die den Karten zugeordneten Texte sind nicht vorrangig dazu gedacht, eine vollständige Erklärung der Geschichte und Entwicklung der Weltreligionen zu bieten. Vielmehr sind sie ein Kommentar, der dabei helfen soll, die dazugehörigen Karten zu verstehen und zu interpretieren.

Die unterschiedlichen Abschnitte des Buches sind weitesgehend chronologisch in der Reihenfolge der Entstehung oder Gründung der einzelnen Religionen angeordnet. Ein Zeitstrahl hilft darüber hinaus, die Geschichte und Entwicklung der Religionen zu überblicken und miteinander zu vergleichen.

Tim Dowley
Dulwich, Januar 2017

# Eine Zeittafel der Weltreligionen

**Mesopotamien**

| | |
|---|---|
| **2800–2350 v. Chr.** | Sumerische Stadtstaaten |
| **2360–2180 v. Chr.** | Reich von Akkad |
| **1450 v. Chr.** | Aufstieg des Assyrischen Reichs |
| **745–727 v. Chr.** | Tiglat-Pileser III. |
| **705–681 v. Chr.** | Sanherib |

**Ägypten**

| | |
|---|---|
| **2700–2200 v. Chr.** | Ägypten: Altes Reich – Zeitalter der Pyramiden |
| **Reg. 1545–1525 v. Chr.** | Amenophis I. |
| **Reg. 1515–1495 v. Chr.** | Thutmosis I. |
| **1290–24 v. Chr.** | Ramses II. |

**Hinduismus**

| | |
|---|---|
| **ca. 2700 v. Chr.** | Harappa-Kultur im Industal |
| **ca. 800 v. Chr.** | Mündliche Überlieferung der *Veden* |
| **ca. 600 v. Chr.** | Sammlung der *Upanishaden* |
| **ca. 200 v. Chr.–200 n. Chr.** | Sammlung der *Bhagavad Gita* |
| **ca. 200 v. Chr.** | Erste Ausbreitung nach Südostasien |
| **ca . 50** | Anfänge der tantrischen Tradition |
| **1000–1150** | Errichtung von Angkor Wat in Kambodscha |
| **1948** | Ermordung von Mohandas [Mahatma] Gandhi |
| **1998** | Hindu-nationalistische Partei BJP gewinnt Wahl in Indien |

**Zoroastrismus**

| | |
|---|---|
| **628–551 v. Chr.** | Zoroaster |
| **205–276** | Mani |
| **651** | Fall des Persischen Reichs |

**Buddhismus**

| | |
|---|---|
| **um 563–483 v. Chr.** | Siddhartha Gautama, der Buddha (traditionelle Lebensdaten) |
| **um 473 v. Chr.** | Erstes Buddhistisches Konzil in Rajagriha |
| **um 272–232 v. Chr.** | Reg. König Ashoka, der die Ausbreitung des Buddhismus förderte. |
| **um 100 v. Chr.** | Aufkommen des indischen Mahayana-Buddhismus |
| **um 50** | Der Buddhismus breitet sich nach China aus |
| **220** | Erste buddhistische Mission in Vietnam |
| **372** | Der Buddhismus erreicht Korea über China |
| **um 552** | Buddhismus erreicht Japan |
| **um 630** | Buddhismus erreicht Tibet |
| **um 745** | Buddhistenverfolgungen in China |
| **805** | Saichō gründet die Tendai-Schule des Buddhismus |
| **806** | Kūkai begründet den Shingon-Buddhismus |
| **845** | Buddhistenverfolgung in China |
| **um 1000** | Wiederaufleben der Theraveda in Sri Lanka und Südostasien |
| **1175** | Hōnen gründet die Sekte des Reinen-Landes-Buddhismus |
| **1253** | Nichiren gründet die Nichiren-Sekte |
| **um 1200** | Entstehung Zen-Buddhismus in China, Ausbreitung nach Japan |
| **um 1617** | Die Dalai Lamas werden die Herrscher Tibets |
| **1952** | Gründung der Weltgemeinschaft der Buddhisten |
| **1959** | China erobert Tibet: Unterdrückung des Buddhismus |
| **1989** | Der Dalai Lama erhält den Friedensnobelpreis |

**Jainismus**

| | |
|---|---|
| **um 527, 510 o. 425 v. Chr.** | Tod des Mahavira (laut Überlieferung) |
| **466 oder 453 v. Chr.** | Konzil in Valabhi: Kanonisierung jainistischer Lehren |
| **um 350 v. Chr.** | Schisma zwischen Digembara und Shvetambara |
| **17. Jahrhundert** | Entstehung der Sthanakvasi-Sekte innerhalb des Shvetambara |
| **18. Jahrhundert** | Entstehung der Terāpanth-Sekte innerhalb des Shvetambara |
| **1949** | Gründung jainistischer Weltmission |

**Sikhismus**

| | |
|---|---|
| **1469–1539** | Guru Nanak Dev, Gründer des Sikhismus |
| **1603–1604** | Zusammenstellung des *Adi Granth* (Heiliges Buch der Sikh) |
| **1666–1708** | Guru Gobind Singh |
| **1695** | Gründung der *Khalsa*-Bruderschaft |
| **1799** | Vereinigung Punjabs durch Ramjit Singh |
| **1984** | Indische Regierung geht militärisch gegen militante Sikh im Goldenen Tempel in Amritsar vor, viele Sikh werden getötet |

**Daoismus & Konfuzianismus**

| | |
|---|---|
| um 600–500 v. Chr. | Philosoph Laozi (laut Legende) |
| um 551–479 v. Chr. | Konfuzius |
| um 630 | Sämtliche Provinzen Chinas ehren Konfuzius |
| 1445 | Veröffentlichung des daoistischen Kanons |
| 1949 | Kommunistische Machtübernahme chinesisches Festland |

**Shintoismus**

| | |
|---|---|
| um 660 v. Chr. | Kaiser Jimmu (laut Legende) |
| 1868 | Herrschaft des Kaisers Meiji |
| 1882 | Beginn des Staats-Shintō |
| 1945 | Ende des Shintoismus als Staatsreligion in Japan |
| 1946 | Kaiser Hirohito weist Titel der Göttlichkeit zurück |

**Judentum**

| | |
|---|---|
| um 1800 v. Chr. | Traditionelle Datierung Abraham |
| um 1250 v. Chr. | Traditionelle Datierung des Auszugs aus Ägypten |
| 1200–1020 v. Chr. | Die „Richter" üben Staatsgewalt in Israel aus |
| um 1160 v. Chr. | Philister besiedeln die Küstenregion Palästinas |
| um 1000–961 v. Chr. | König David |
| um 950 v. Chr. | Bau des salomonischen Tempels |
| 922 v. Chr. | Israel zerfällt in das Nord- und Südreich (Israel and Juda) |
| 722 v. Chr. | Assyrien erobert das Nordreich |
| 586–539 v. Chr. | Zerstörung des salomon. Tempels; Babylonisches Exil |
| 520–515 v. Chr. | Bau des Zweiten Tempels |
| 166–160 v. Chr. | Makkabäeraufstand |
| Reg. 40–4 v. Chr. | Herodes (der Große) |
| 70 | Zerstörung des herodianischen Tempels |
| um 400 | Fertigstellung des Jerusalemer Talmud |
| um 600 | Fertigstellung des Babylonischen Talmud |
| 1492 | Juden werden aus Spanien vertrieben |
| um 1698–1759 | *Baal Shem Tov*, Begründer der chassidischen Bewegung |
| um 1800 | Reformationsbewegung breitet sich in Westeuropa aus |
| 1897 | Erster Zionistischer Weltkongress |
| 1938–1945 | Holocaust (auch *Schoah*) |
| 1948 | Gründung des Staates Israel |

**Christentum**

| | |
|---|---|
| 4 v. Chr.–30 n. Chr. | Jesus von Nazareth |
| um 65 | Tod des Apostels Paulus |
| 312 | Kaiser Konstantin erkennt das Christentum an |
| 325 | Erstes Konzil von Nicäa |
| 335 | Konstantin erbaut Grabeskirche in Jerusalem |
| 431 | Konzil von Ephesus verurteilt Nestorianismus |
| 451 | Konzil von Chalcedon |
| 476 | Fall des Römischen Reichs im Westen |
| 529 | Benedikt gründet erstes Kloster |
| 862 | Kyrill und Methods Missionsreise nach Mähren |
| 1054 | Großes Schisma |
| 1095 | Ausrufung des Ersten Kreuzzugs |
| 1123 | Erstes Laterankonzil |
| 1176 | Gründung des Kartäuserordens |
| 1517 | Beginn der protestantischen Reformation |
| 1549 | Franz Xaver erreicht Japan |
| 1563 | Ende des Konzils von Trient |
| 1611 | Veröffentlichung der *King James Bible* |
| 1738 | Bekehrungserlebnis des John Wesley |
| 1795 | Gründung *London Missionary Society* |
| 1799 | Gründung *Church Missionary Society* |
| 1804 | Gründung *British & Foreign Bible Society* |
| 1830 | Veröffentlichung Buch Mormon |
| 1895 | Gründung des Christlichen Studenten-Weltbunds |
| 1948 | Erste Versammlung des Weltkirchenrats |
| 1962–1965 | Zweites Vatikanisches Konzil |

**Islam**

| | |
|---|---|
| 570–632 | Leben des Propheten Mohammed |
| 622 | Hidschra: Mohammeds Flucht von Mekka nach Medina |
| 630 | Eroberung Mekkas |
| 634–635 | Eroberung von Jordanien, Palästina, Syrien, Persien und des Libanon |
| 641–643 | Eroberung von Ägypten, Libyen, Karthago und Nubien |
| 732 | Muslimische Expansion wird bei Poitiers aufgehalten |
| 705–715 | Eroberung Zentralasiens und Spaniens |
| 1058–1111 | Sufi-Gelehrter Al-Ghazāli |
| 1291 | Vertreibung der Kreuzritter aus Palästina |
| 1492 | Muslime werden aus Spanien vertrieben |
| 1529 | Osmanische Türken erreichen Wien |
| 1526–1857 | Mogulreich in Indien |
| 1947 | Gründung der Islamischen Republik Pakistan |
| 1979 | Islamische Revolution im Iran |
| 2001 | Islamistischer Terrorangriff auf die USA |

# Teil 1

# Die Welt der Antike

# Megalithen

**Gegen Ende der Jungsteinzeit wurden in Europa Steinsetzungen aus großen Steinblöcken, sogenannte Megaltihen, errichtet. Die meisten dieser Megalithbauwerke waren Dolmen – Grabanlagen aus aufrecht stehenden Steinen, abgeschlossen von einer Deckplatte – und Ganggräber, die auf Inseln und an den Küsten des Mittelmeers und Westeuropas aufgestellt worden waren.**

Neben diesen Megalithgräbern gab es auch Menhire: gewaltige Steinsetzungen wie die, die man im bretagnischen Carnac findet. Ihre Funktion ist nicht bekannt. Es wird vermutet, dass die Anlagen Routenmarkierungen eines rituellen Prozessionsweges waren.

Einige großen Bauten, wie die bei Ħal Tarxien auf Malta, dienten scheinbar als Tempel: Die dort gefundenen Kalksteinskulpturen weisen wirklichkeitsgetreue menschliche Züge auf und sollten möglicherweise Götter, Göttinen und deren Priester darstellen.

Andere Megalithbauwerke könnten eine astronomische Funktion gehabt haben und sollten Bauern bei der Bestimmung der Jahres- und Saatzeiten helfen. Stonehenge auf der Hochebene Salisbury Plain in England weist beispielsweise einen Kreis von Sarsen (Sandsteinblöcke) auf, die so ausgerichtet sind, dass sie den Sonnenaufgang des Mittsommertages einfangen. Welchen Zweck die Anlage auch hatte, Stonehenge war ebenfalls eine Kultstätte. Archäologen vermuten, dass dort Fruchtbarkeitsgötter angebetet wurden.

## MEGALITHEN IN WESTEUROPA

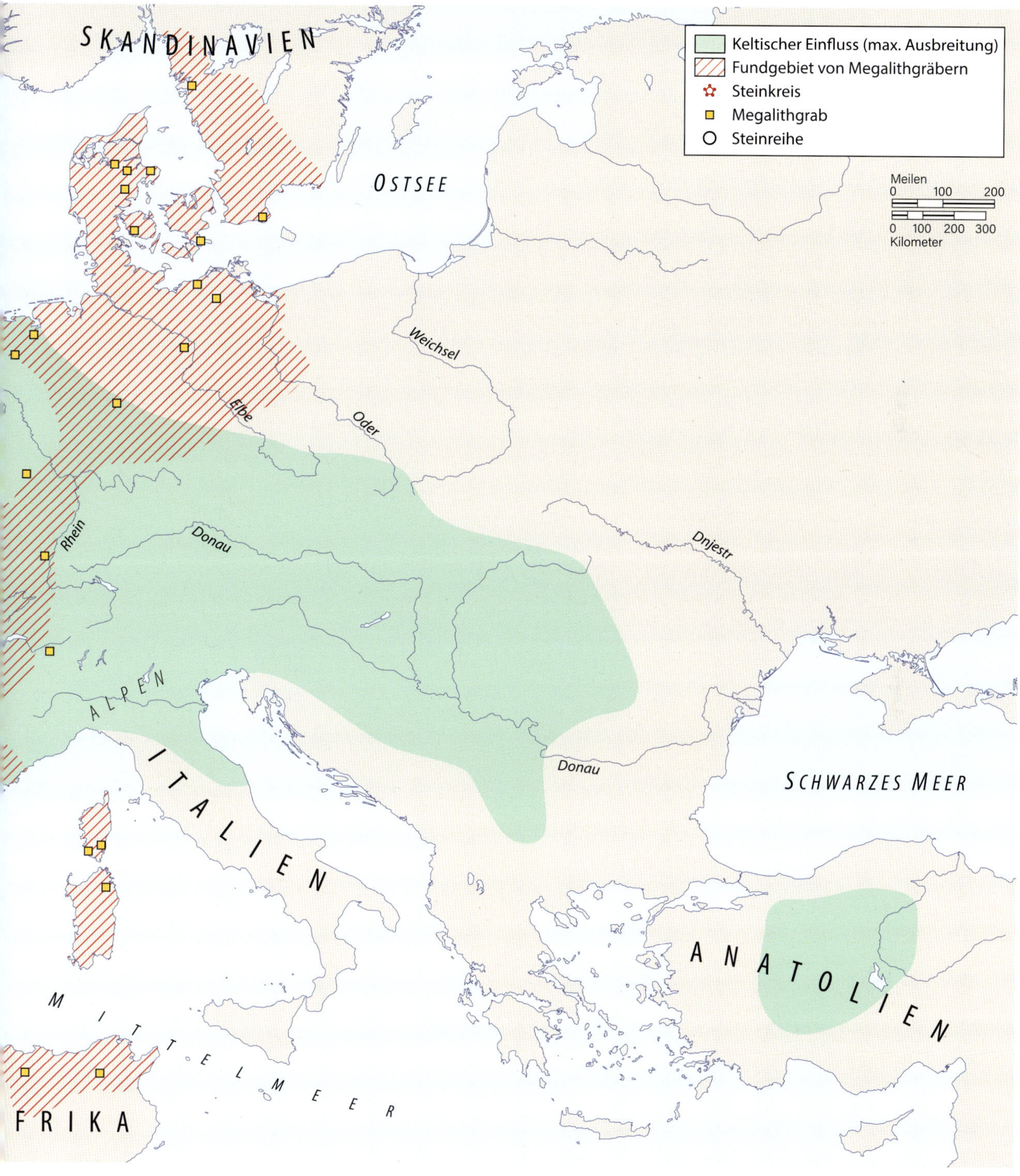
Keltischer Einfluss (max. Ausbreitung)
Fundgebiet von Megalithgräbern
Steinkreis
Megalithgrab
Steinreihe
Meilen
0 100 200
0 100 200 300
Kilometer
SKANDINAVIEN
OSTSEE
Weichsel
Oder
Elbe
Rhein
Donau
Dnjestr
ALPEN
Donau
SCHWARZES MEER
ITALIEN
ANATOLIEN
MITTELMEER
FRIKA

# Babylonien und Sumerien

**Mesopotamien ist der griechische Name für die Landschaften um die beiden Flüsse Eufrat und Tigris, die heutzutage auf dem Gebiet des Irak und Syriens liegen. Diese Region besaß nie einfach zu verteidigende Grenzen. Im Lauf der Geschichte wurde sie von Osten her durch kriegerische Hügelvölker geplündert, während Hirtenvölker aus der Steppe von Süden und Westen her die fruchtbaren Landstriche eroberten, auf deren Bewirtschaftungs- und Fischerei-Potenzial sie es abgesehen hatten. Der Norden Mesopotamiens bot sich dank seiner jährlichen Niederschlagsmenge für den Anbau von Weizen und die Kultivierung von Weideland an. Seit der Jungsteinzeit, etwa 12.000 Jahren, haben Menschen hier in den Hügelgebieten und in der Nähe der beiden Flüsse gelebt.**

Im antiken Babylonien im Süden Mesopotamiens war die Landwirtschaft nur mit Hilfe künstlicher Bewässerung möglich: Das Wasser musste kontrolliert aus den Flüssen abgezweigt werden. Das Wissen um diese Technik kam vermutlich um 5000 n. Chr. in die Region. Anschließend entwickelte sich hier sesshaftes Leben bis zum 4. Jahrtausend v. Chr., in dem die Blütezeit der großen Städte an den Flüssen und Kanälen der Region anbrach. Händler und Siedler aus diesen Städten breiteten sich in nahezu alle Himmelsrichtungen aus: im Norden zum Eufrat und nach Syrien, im Osten nach Persien und im Süden zum Persischen Golf. Im Gepäck hatten sie die Erfindungen und Errungenschaften ihrer Kultur, allen voran die Erfindung der Schrift. Die großen Siedlungen und die Bewässerungssysteme erforderten einen Organisations- und Verwaltungsapparat, was die Entwicklung des Schriftwesens in Babylonien förderte.

## Die Sumerer

Die dominanteste Volksgruppe im Süden waren die Sumerer. Sie verwendeten die babylonische Keilschrift – das bedeutendste Schriftsystem im antiken Nahen Osten. Ihre religiösen Bräuche und Ansichten sind die ersten, die in Mesopotamien festgestellt werden konnten, obwohl es unmöglich ist, mit Sicherheit zu sagen, ob irgendein bestimmter Aspekt einzigartig auf die Sumerer zurückgeführt werden kann. Das Land wurde schon immer von unterschiedlichen Völkern bewohnt, weswegen nur wenig eindeutig als sumerisch identifiziert werden kann – abgesehen von ihrer Sprache.

Die Stadt Uruk (Erech), die auf ca. 3000 v. Chr. datiert werden kann und durch archäologische Ausgrabungen sowie durch frühe Texte Bekanntheit erlangt hat, hatte zwei Haupttempel: Der eine war Anu gewidmet, dem höchsten Gott und König des Himmels, der andere Inanna, der großen Mutter und Göttin der Fruchtbarkeit, der Liebe und des Krieges. Inanna repräsentierte das Leben selbst und wurde fast in jeder prähistorischen Behausung auf Malereien, in Stein gemeißelt und in Ton modelliert, abgebildet.

Die Tempel in Uruk boten zahlreichen Menschen Beschäftigung, und ihre Priesterschaft besaß weitreichende Ländereien. Handwerker fertigten kunstvolle Artefakte zur Benutzung in Tempelriten an, Weber stellten Kleidung und Stoffe für geheiligte Statuen und für die Priesterschaft her, und Schreiber führten Protokoll über die Aktivitäten des Tempels. Die Priester spielten eine wichtige Rolle im Leben der Stadt; der Hohepriester war manchmal auch der König der Stadt. Über Jahrhunderte scheint dies die Struktur des Lebens in den Tempeln der Städte Babylons gewesen zu sein.

Jede im Süden gelegene Stadt war die Hauptkultstätte einer bestimmten Gottheit. Während des dritten Jahrtausends v. Chr. wurden neben Anu und Inanna in Erech auch viele weitere Götter angebetet: Enlil, Gott des Himmels und der Erde und König der Götter neben Anu, in Nippur; Enki, Herrscher des Frischwassers aus den Tiefen der Erde, hatte einen

**KULTSTÄTTEN DES ANTIKEN MESOPOTAMIEN** Karte 2

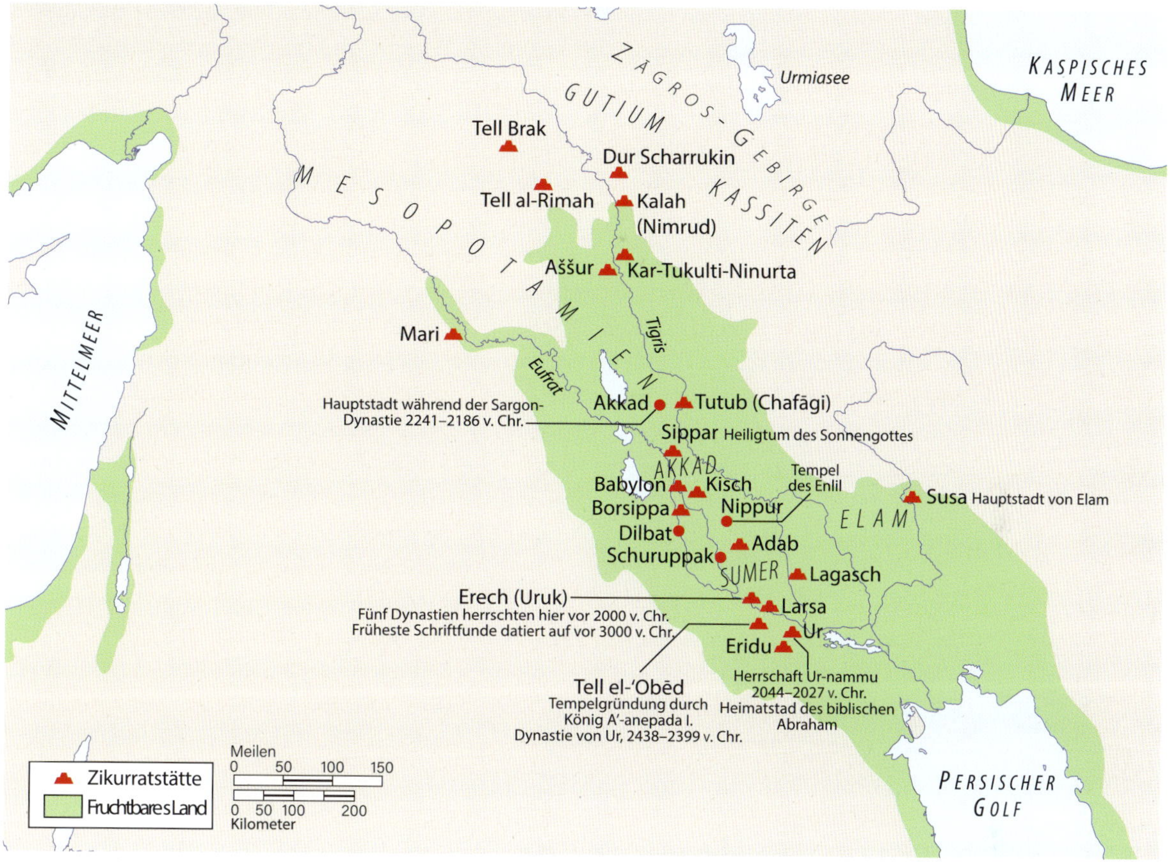


Schrein in Eridu; Sonnengott Utu war in Larsa beheimatet, und der Mondgott Nanna lebte in Ur. Jede Hauptgottheit hatte zudem eine göttliche Familie und Diener, die ebenfalls in Tempeln und Kapellen verehrt wurden. Enlils Sohn Ninurta war beispielsweise der Herr von Lagasch. Geringere Gottheiten besaßen Schreine in den größeren Tempeln, wurden aber auch in den Häusern der Bürger, in kleinen Schreinen, angebetet.

Die Tempel bestimmten das Stadtbild. Wenn ein Tempel zu alt wurde oder als zu klein empfunden wurde, wurde ein neuer erbaut – oft auf den Ruinen des alten Tempels. Im Laufe der Zeit wurden die Tempel zunehmend auf Plattformen gebaut, die über den vorherigen Bauten errichtetet worden waren, und überragten somit die umliegenden Häuser. Innerhalb der Tempel stellte der heilige Raum, der die Statue des jeweiligen Gottes beheimatete, den wichtigsten Teil des Tempels dar. Im salomonischen Tempel, dem jüdischen Heiligtum in Jerusalem, stand im Allerheiligsten keine Statue, sondern lediglich die Bundeslade.

# Religion im Alten Ägypten

**Das „Alte Ägypten" bezeichnet die Zivilisation, die die niederen Flussabschnitte des Niltals im Zeitraum 3100 v. Chr. bis 30 v. Chr. bewohnte. In diesem Zeitraum war das „Alte Ägypten" vor allem während drei Epochen besonders mächtig: das Alte Reich (ca. 2700–2200 v. Chr.), dessen mächtige Herrscher Pyramiden errichteten und als Monumente hinterließen; das Mittlere Reich (ca. 2000–1800 v. Chr.), das von einer starken Zentralregierung und großem Einfluss auf die Nachbarn Ägpytens geprägt war; und das Neue Reich (ca. 1550–1225 v. Chr.), das Ägpyten zu einer der dominanten Mächte im Nahen Osten aufsteigen ließ.**

In diesen Zeitraum fallen aber auch Epochen, in denen Ägypten innenpolitisch gespalten oder von anderen Mächten besetzt war. All diese Veränderungen in der Zusammensetzung der politischen Machtstruktur und des wirtschaftlichen Wohlstands im Laufe von 3.000 Jahren führten dazu, dass sich auch die weltanschauliche und religiöse Einstellung Ägyptens veränderte. Dennoch gibt es genug wiederkehrende Eigenschaften in der ägyptischen Weltanschauung, so dass man von einer „ägyptischen Religion" sprechen kann.

## Ägyptische Götter

Der Götterpantheon des Alten Ägypten, abgebildet in Tempeln und Gräbern, umfasst eine verwirrende Anzahl von seltsamen Figuren, halb Tier und halb Mensch. Wir wissen nur wenig über die Glaubenswelt der Ägypter, da wir keine Aufzeichnungen über die Glaubenslehre besitzen, die von ihnen selbst angefertigt wurden. Viele der ägyptischen Gottheiten verkörperten verheerende Naturkräfte. Der Wohlstand Ägyptens hing davon ab, dass die Sonne jeden Tag wieder aufging und der Nil jährlich über die Ufer trat. Diese Kräfte wurden als Götter angesehen, die man durch Opfergaben und Anbetung wohlgesonnen stimmen musste.

Oft standen die Götter mit bestimmten Städten in Verbindung. Je mehr sich Dorfgemeinschaften zu größeren politischen Einheiten zusammenschlossen, desto wichtiger wurden auch die regionalen Gottheiten im gesamten Land. Ein Beispiel dafür ist der Gott Amun aus der Stadt Theben, der während des Neuen Reichs eine Nationalgottheit war, die die gesamte Nation beschützte und anführte. In dieser Zeit war Theben die Heimatstadt der Herrscherfamilie. Es gibt auch Querverweise zu einem „Gott" bzw. „dem Gott", womit scheinbar eine namenlose, universelle göttliche Macht bezeichnet wurde, die das Universum kontrollierte und das Gute gegen das Böse aufrechterhielt.

Für eine kurze Zeit (1375–1350 v. Chr.) gab es den Versuch, eine Form von Monotheismus durchzusetzen. Der Pharao Amenophis IV. entwickelte schrittweise einen Kult zur Anbetung der Sonnenscheibe, Aton, bis dieser der einzige Gott war, dessen Verehrung erlaubt war. Die Amun-Anbetung wurde aggressiv unterbunden und Aton als Quelle allen Lebens hervorgehoben. Dieses Geschenk des Lebens ging auf den König – der seinen Namen zu Echnaton („Der Aton nützlich ist") änderte – und dessen Familie über, und von dieser auf das gesamte Volk.

Neben den „etablierten" Göttern nahmen die Ägypter auch andere Gottheiten in ihren Pantheon auf. Der König oder Pharao wurde ebenfalls als Gott angesehen, auch wenn dies nur eine beschränkte Form der Göttlichkeit darstellte, da er eindeutig sterblich war. Nur wenige Herrscher besaßen eine Statue in einem der Tempelschreine, die als Kultobjekt angebetet wurde. Tiere spielten auch eine Rolle in der Ägyptischen Religion. In einigen Fällen wurde alle Vertreter einer Spezies als heilig angesehen, massenhaft mumifziert und in Gräbern beigesetzt. Die Ägypter scheinen immer an ein Leben nach dem Tod geglaubt zu haben. In frühen Gräbern fand man Nahrung und Haushaltsgegenstände, in späteren Grabstätten auch Abbildungen, die zeigten, wie sich die Menschen dieses Leben vorstellten: ähnlich wie das Diesseits, nur besser.

## DAS ALTE ÄGYPTEN

Karte 3

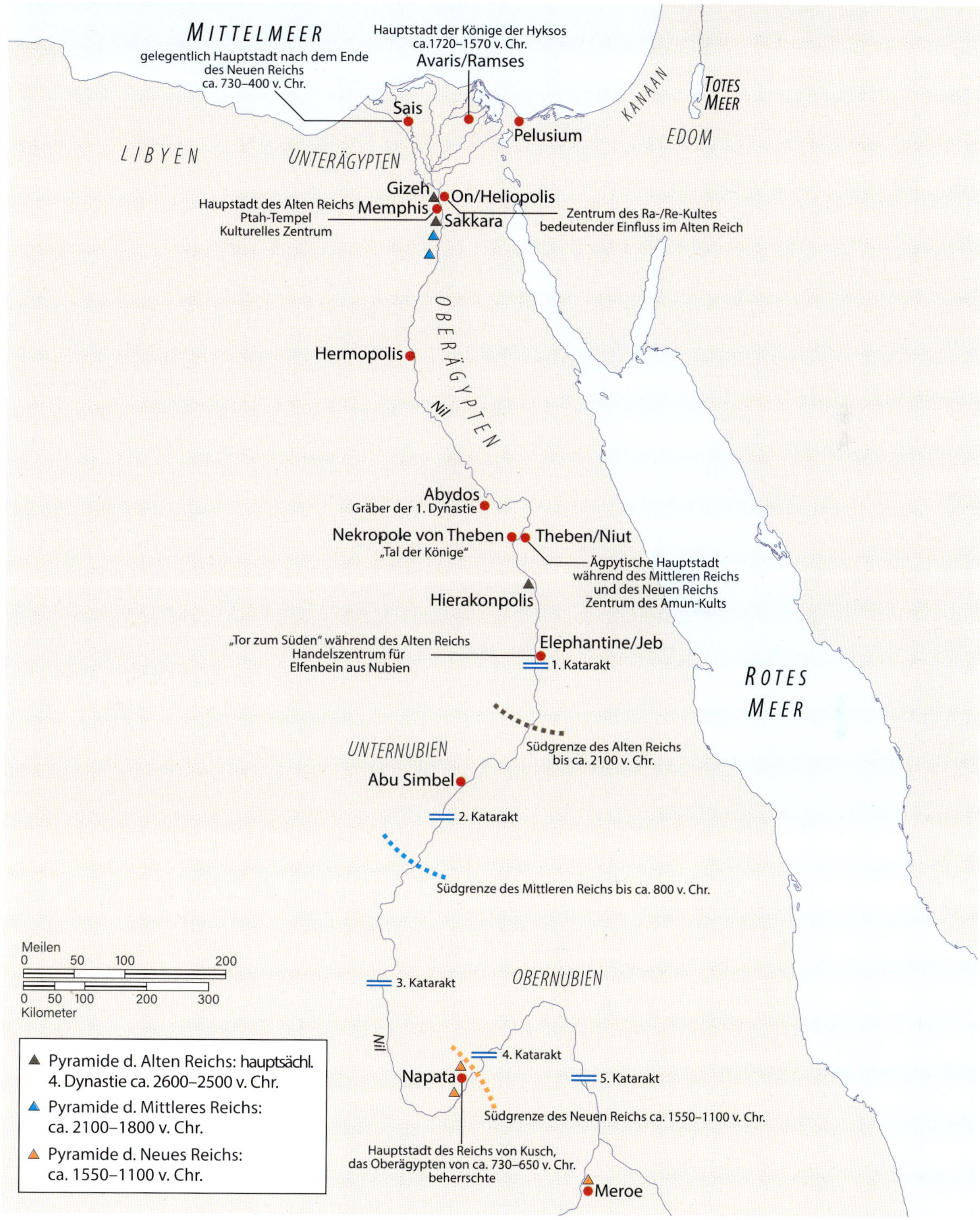

# Die ersten städtischen Religionen

**Der Aufstieg der Stadtstaaten brachte auch wichtige religiöse Entwicklungen mit sich. Städte entwickelten sich um 3500 v. Chr. in Mesopotamien und etwas später in Ägypten. Die Stadtzivilisation breitete sich bis ins Industal aus. In China entwickelte sie sich unabhängig vom Westen.**

Die Erfindung des Pflugs und die Einführung der Ackerbewässerung steigerten die Produktivität der Landwirtschaft, während die Entwicklung des Seehandels, die Entstehung der Metallurgie und die Erfindung der Schrift es den Bewohnern der Städte ermöglichte, anderen Tätigkeiten als dem Ackerbau nachzugehen. Der Kontakt zu anderen Kulturen auf den Wasser- und Landwegen ermöglichte den Austausch von Ideen, Wissen und Handelsgütern. In dieser Phase tauchten auch zunehmend Arbeiter auf, die nicht im Ackerbau tätig waren – wie etwa die sumerischen Tempelgemeinschaften.

Das Wachstum des Städtewesens führte zu einer Aufgaben-Spezialisierung: Menschen begannen, unterschiedlichen Arbeiten und Berufen nachzugehen. Dies spiegelte sich auch in der Religion wider, mit der Entstehung eigenständiger Priesterschaften, dem Tempelwesen, Feiertagen, Theologien und später Heiligen Schriften. Obwohl das jungsteinzeitliche Beziehungsverständnis zwischen Menschen, der Natur und den Göttern bestehen blieb, wurden persönliche Glaubensfragen – Leid, die Sinnhaftigkeit des Lebens und das Leben nach dem Tod – bedeutsamer. Religion entwickelte sich sowohl zu einer individuellen Angelegenheit als auch zu einer Gruppenbetätigung.

Das Wesen des städtischen religiösen Lebens war in Mesopotamien, Ägypten dem Industal und China unterschiedlich. Charakteristisch für das Alte Ägpyten war die Anbetung regionaler und staatlicher Gottheiten wie auch die Erbringung von Opfern an diese Götter. In Mesopotamien folgten unterschiedliche Völker

### DIE ANTIKEN GROSSREICHE DES NAHEN OSTEN

und Religionen aufeinander, einschließlich der Sumerer, Babylonier, Assyrer, Hurriter, Hethiter und westsemitischen Völker. Ein charakteristisches Merkmal der Staatsreligionen mit ihren Tempeln, Königen und jährlichen Festen waren ihre Mythologien: Schöpfungsberichte von epischem Ausmaß, Geschichten von Gott-

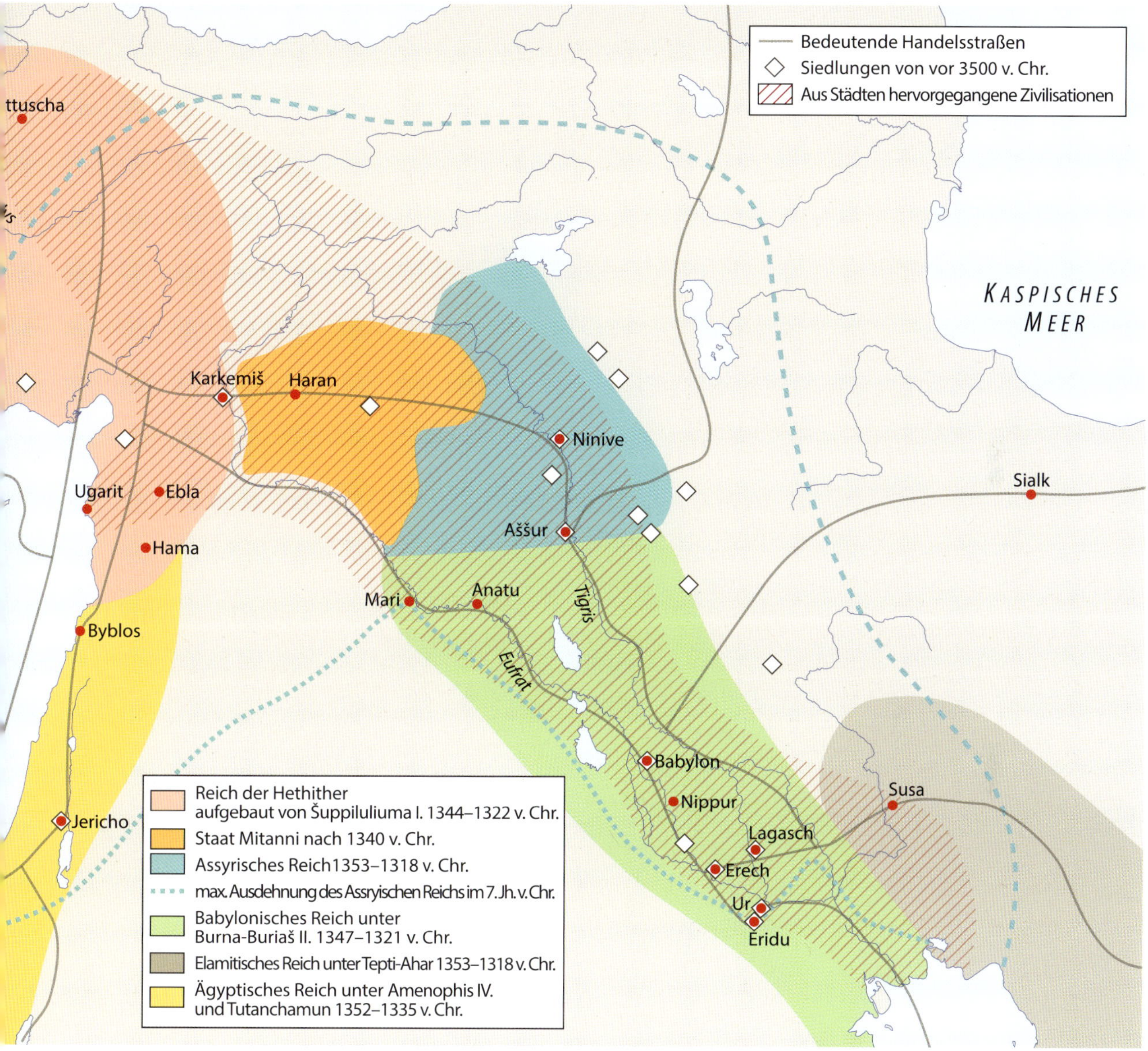


königen wie Marduk und ihren rituellen Siegen und Erzählungen von mythologisch rituellen Staatszeremonien. Aus diesem religiösen Umfeld heraus sollten sich später die für das Judentum wichtigen Anliegen um die Bedeutung des eigenes Landes und der ethische Monotheismus entwickeln.

## KULTZENTREN IM ANTIKEN GRIECHENLAND

# Die Religionen des antiken Griechenland

Karte 5

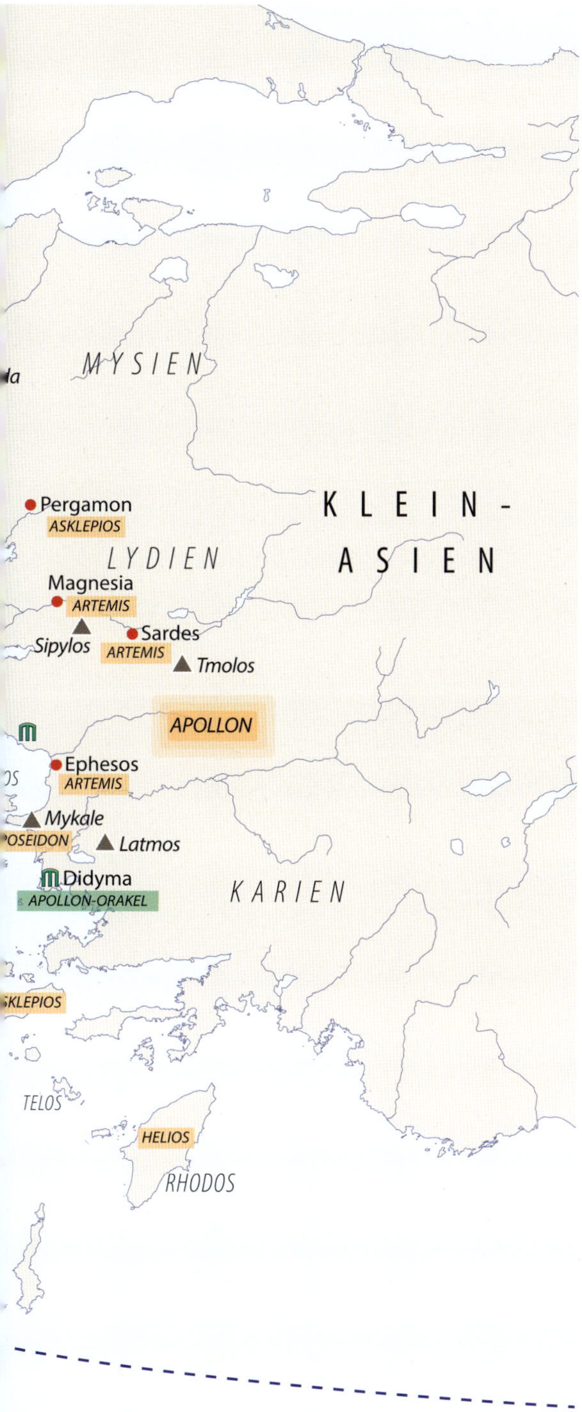


**Die Griechen und Römer schufen eine Welt voller Götter, Halbgötter, Helden und Fabelwesen wie Nymphen und Satyrn, in der Himmel („Olymp") und Erde miteinander verbunden waren.**

Die bekannten Götter der Antike wurden entweder neu erfunden oder von älteren Stämmen bzw. aus bereits bestehenden Kultstätten übernommen: Poseidon (röm.: Neptun) verkörperte die See, Aphrodite (röm.: Venus) die Liebe, Ares (röm.: Mars) den Krieg, Hephaistos (röm.: Vulcanus / Vulkan) das Feuer, und Zeus (röm.: Jupiter), Gott des Donners, wurde zum Vater der Götter. So schufen die Griechen eine Mythologie, die Ordnung und Bedeutung in die Vielschichtigkeit des Lebens brachte.

In der Anfangszeit wurden einige der Gottheiten mit bestimmten Orten in Verbindung gebracht, an denen sie auch angebetet wurden: Zeus auf Kreta, Hera auf Argos, Apollon – der bartlose Jüngling, der wahlweise als Gott der Musik, des Heilens, der Sonne und des Lichtes angebetet wurde – in Kleinasien und Dionysos (Bacchus), Gott der Traubenlese, des Weines, der Fruchtbarkeit und der rituellen Ekstase, auf Mykene. Die Verehrung dieser Götter breitete sich schrittweise weiter aus. Gelegentlich nahmen diese auch die Eigenschaften anderer Gottheiten an. Die nordafrikanischen Götter Baal und Tanit wurden zu Saturn und der Himmelsgöttin (röm.: Dea Caelestis); Apollon wurde von Didyma in Kleinasien nach Delphi in Griechenland gebracht und von dort aus nach Rom.

Der Berg Olymp wurde zum Sitz und Treffpunkt eines fast aristokratisch organisierten Pantheon, beherrscht von Zeus und seiner eifersüchtigen Ehefrau Hera. Kronos (die Zeit) wurde zum Vater des Zeus, Uranos (Himmel / Himmelsgewölbe) zum Vater des Kronos, womit symbolisch die Konzepte Macht, Zeit und Himmel miteinander verbunden wurden.

In der *Odyssee* und der *Ilias* stellt der antike griechische Dichter Homer die Götter trotz ihrer

Die Tholos von Delphi in Griechenland, Teil eines der Athena Pronaia geweihten Heiligtums; errichtet um 370 v. Chr.

Unsterblichkeit mit menschlichen Eigenschaften dar. Sie bewirken Schrecken, Angst, Scham und Ehrerbietung in Menschen, die wiederum mit Gebeten, Verehrung, Schwurritualen, Opfergaben und Trankopfern darauf antworten. Der Wille der Götter wurde auch durch die Deutung des Vogelflugs oder die Deutung von Träumen erforscht. Andere Omen waren Donner, Blitz und Sternschnuppen.

Die griechische Religion setzte sich mit einigen der großen metaphysischen Problemstellungen auseinander: dem Schicksal (röm.: Parzen) dem Tod (dem Hades, einem Ort, an dem das Leben ohne Belohnung oder Strafe fortgesetzt wird) und der Frage nach Gut und Böse. Aus dieser Beschäftigung entstanden einige der großen Mythen und mythologischen Figuren wie Medea, Antigone, Ödipus oder Theseus – Charaktere, mit denen sich einige der größten Autoren in ihren Dramen beschäftigten.

Die Kultstätte in Eleusis in Westattika hatte eine kultische Verbindung zum Weizen und beschwor die Göttin Demeter und ihre Tochter. Während der Festwochen wurden den Teilnehmern der „Mysterien", einem Initationsritus, Glückseligkeit und eine Vision der Göttin versprochen. Der Tempel in Eleusis konnte Gruppen von bis zu 10.000 Menschen unterbringen.

Der griechische Geschichtsschreiber Herodot (um 484–425 v. Chr.) behauptete, dass die älteste Orakelstätte im griechischen Dodona war, wo eine große, dem Zeus geweihte Eiche stand. Anhand von gefundenen Bleitäfelchen, auf denen Besucher ihe Fragen an das Orakel schrieben, lässt sich feststellen, dass die meisten Anliegen der Bittsteller sich um die eigene Gesundheit drehten. Andere Orakel waren das Amphiareion von Oropos und Trophonius in Lebadeia.

Der Tempelkult von Asklepios, dem Gott der Heilung, wurde in Zeiten der Not ins Leben gerufen, insbesondere von Stadtstaaten, die von Krankheiten bedroht waren. Von den neueren Kulten breitete sich der Asklepios-Kult am schnellsten aus und besaß zentrale Stätten in Pergamon, Korinth, Epidauros und Kos. Der Kult verschrieb unterschiedliche Methoden als Heilmittel: körperliche Übungen, kalte Bäder, Kräuterkuren, Ruhe, Diäten und durch Suggestion herbeigeführte Träume.

In Ägypten entstanden zwei synkretistische Kulte: Der Kult der Serapis vereinte die griechischen Mysterien mit dem einheimischen Osiris-Kult. Im Kult der Isis, die in den alten ägyptischen Mythen die göttliche Mutter des Königs war, wurde der König als im Schoß der Isis sitzend dargestellt – eine Art frühes Madonnenbildnis mit Kind. Isis und Serapis wurde nachgesagt, dass sie Bittsteller vor Krieg, Gefängnis, Schmerz, Irrfahrt, Schiffbruch und sogar dem Tod erretten konnten.

Die griechische Religion scheint individualistischer und pluralistischer als die römische gewesen zu sein, deren Betonung eher auf gesellschaftlichen und vertraglichen Aspekten lag. Dennoch ist es wichtig, keinen falschen Gegensatz zwischen den Religionen dieser beiden Zivilisationen zu erzeugen.

# Die Römische Religion

**Die römische Religion war ursprünglich eng mit der Landwirtschaft verknüpft. Der einzige Teil der Mythologie, der genuin römisch war, bezog sich auf den Gründungsmythos der Stadt, in dem das personifizierte Rom die Hauptgottheit war.**

Die Römer übernahmen viele Götter anderer Kulturen – vor allem die der Griechen – und passten diese ihren eigenen religiösen Bedürfnissen an. Die drei ältesten Gottheiten waren Jupiter, Juno und Minvera (griech. Zeus, Hera und Athene), die in einem Tempel auf dem römischen Kapitol verehrt wurden. Spätere Götter waren unter anderem der ebenfalls aus Griechenland importierte Asklepios (ab 293–291 v. Chr.) und Kybele, die „große Mutter" *(Magna Mater,* ab 204 v. Chr.). Das Pantheon des Agrippa in Rom, das während der Herrschaft des Augustus (Reg.: 27 v. Chr.–14 n. Chr.) in Auftrag gegeben und von Hadrian vollendet wurde (Reg.: 117–138 n. Chr.), war den zwölf „Planeten"-Göttern geweiht, um den Glauben an eine kosmische Ordnung zum Ausdruck zu bringen.

Im antiken Griechenland scheint es keinen Priesterstand gegeben zu haben, der mit den Priestern *(pontifices)* in Rom vergleichbar gewesen wäre. Augustus nahm das traditionelle Amt des *pontifex maximus* an sich, womit er die religiöse Tradition der Stadt an seine Person band. Angefangen mit Kaiser Caligula wurde der kaiserliche Eid um den Namen „Augustus" erweitert und zwischen „Zeus dem Retter" und „Heiligen Jungfrau unserer Stadt" eingefügt. Die Idee des Kaiserkults kann auf hellenistische, orientalische und vor-römische Konzepte eines zum Gott gewordenen Königs zurückgeführt werden.

Ausgrabungen in Pompeii deuten darauf hin, dass auch Familienkulte stark verbreitet waren. Fast jedes Haus und jede Werkstätte besaß einen eigenen Schrein mit den Büsten der Vorfahren und anderen traditionellen Hausgöttern, den Laren und Penaten. In den gut erhaltenen Ruinen der Stadt Ostia wurden 15 Schreine gefunden, die dem Gott Mithras gewidmet waren. Der Mysterienkult des Mithras war in der Zeit zwischen dem 1. und 4. Jahrhundert nach Christus weit verbreitet.

## DIE URSPRÜNGE RÖMISCHER KULTE

Römisches Reich um 117 n. Chr.
Ursprung römischen Glaubens/Ritus'
GERMANIEN
Lauriacum
Donau
Aquileia
Salonae
ITALIEN
Rom
SCHWARZES MEER
THRAKIEN
Byzantion
Sinope
Philippi
Thessaloniki
Orphische Riten
Kabiren
SAMOTHRAKE
Troas
Orphische Riten
Pergamon
Dionysus
LESBOS
ACHAIA
Thebes
Delphi
Smyrna
Athen
Ephesos
Korinth
Miletus
PHRYGIEN
PERSIEN
Mithras
Edessa
Hierapolis
Syrakus
Apollo
Poseidon
Pallas Athene
Dionysus
Rhea
Helios
MITTELMEER
RHODOS
KRETA
Gortyn
Adonis
Antiochia
Salamis
ZYPERN
Aphrodite
PHÖNIZIEN
Palmyra
Adonis
Byblos
Damaskus
Leptis Magna
Kyrene
Isis, Osiris, Serapis
Caesarea
Jerusalem
LIBYEN
Alexandria
Memphis
ÄGYPTEN
Nil
ROTES MEER
ARABIEN

# Zoroastrismus

**Zoroaster ist die westliche Bezeichnung des Namens „Zarathustra", eines Propheten, der um 1200 v. Chr. im nach-steinzeitlichen Persien gelebt haben soll. Im Alter von 30 Jahren begann Zarathustra, Visionen zu empfangen, die ihn dazu inspirierten, eine neuartige Botschaft zu verkünden. Seine Worte entwickelten sich zur anerkannten Glaubenslehre eines kleines Königreichs im Nordosten Persiens. Mit der Zeit breitete sich die Lehre in ganz Persien aus wurde für die Dauer von 1.000 Jahren zur Staatsreligion.**

Die Anhänger des Zoroastrismus glauben, dass ihr Prophet von Gott auserwählt worden war und eine einzigartige göttliche Offenbarung, in Form von 17 Gesängen (*Gathas*), empfing. Diese Gesänge bildeten die Grundlage für den Akt der Anbetung, der *Yasna*. Zarathustra verkündete eine sehr persönliche Religion: Alle Frauen und Männer sind persönlich dafür verantwortlich, sich für das Böse oder das Gute zu entscheiden – dementsprechend werden sie im Nachhinein beurteilt werden. Er lehrte auch, dass Gott – Ahura Mazda, der Herr der Weisheit – der Schöpfer sei und seiner gesamten Schöpfung freundschaftlich gegenüberstehe. Das Böse in der Welt hat seinen Ursprung in Angra Mainyu, dem zerstörerischen Geist, der die Dämonen erschaffen hat, in der Hölle regiert und sich von Anfang an gegen Gott gestellt hat. Außerdem sei die Welt ein Schlachtfeld zwischen den Mächten des Guten und des Bösen. Die Menscheit wurde erschaffen, um Gott in diesem Konflikt zur Seite zu stehen.

Gott schuf auch eine Reihe himmlischer Wesen, unter denen die Amschaspand, die „freigiebigen Unsterblichen" oder Söhne und Töcher Gottes, eine tragende Rolle haben: Vohu manah (Guter Gedanke), Aša Vahišta (Rechtschaffenheit), Spenta Armaiti (Frömmigkeit), Xšathra Vairya (Herrschaft), Haurvatât (Ganzheit) und Ameretât (Unsterblichkeit). Die Amschaspand sind sowohl himmlische Wesen als auch Ideale, die die Rechtschaffenen anstreben sollte.

Zarathustras Lehren besagen auch, dass die Welt im Grunde gut ist, jedoch von den Angriffen des Bösen verdorben wurde. Der Prophet erwartete freudig den Tag, an dem die Schlacht zwischen Gut und Böse ihren Höhepunkt erreichen, das Gute siegen und die Welt wieder in ihren perfekten Zustand zurückversetzt werden wird. Schlussendlich werden die Toten auferstehen und gerichtet werden; die Schlechten werden in die Hölle fahren und die Gerechten für alle Ewigkeit bei Gott, in der Vollkommenheit, leben.

Für die ersten 700 Jahre des Zoroastrismus existieren keine schriftlichen Quellen. Als das persische Reich im 6. Jahrhundert v. Chr. zur Großmacht wurde, war die Religion bereits weit verbreitet. Die Dynastie der Achämeniden, die in Persien nach Kyros dem Großen († 530 v. Chr.) regierte, sorgte mit Hilfe eines medischen Priesterstammes, dessen Mitglieder man „Magier" nannte, für die weitere Ausbreitung des Zoroastrismus im Reichsgebiet. Im auf die Achämeniden folgenden Partherreich (247 v. Chr.–224 n. Chr.) wurden die alten Traditionen und die heiligen Schriften des Zoroastrismus zu einem heiligen Buch zusammengeführt, dem Avesta.

Von Anfang war das Feuer ein grundlegender Aspekt zoroastrischer Riten und Gebete. Tempelanlagen wurden erst durch den Einfluss des Achämenidenkönigs Artaxerxes Bestandteil der Religion. In das Zentrum dieser geweihten Stätten stellten die Zarathustrier das Symbol des ewig brennenden Feuers.

Infolge der islamischen Expansion wurde den Zarathustriern der Zugang zu Bildung, Gleichberechtigung und beruflicher Aufstieg per Gesetz entzogen. Die Anhänger der Religion waren dazu gezwungen, sich in die Dörfer der Wüste zurückzuziehen. Im Laufe der 1400-jährigen muslimischen Herrschaft mussten sie regelmäßige Übergriffe, Verfolgungen, Unter-

## ZOROASTRISMUS: URSPRUNG UND AUSBREITUNG  Karte 7

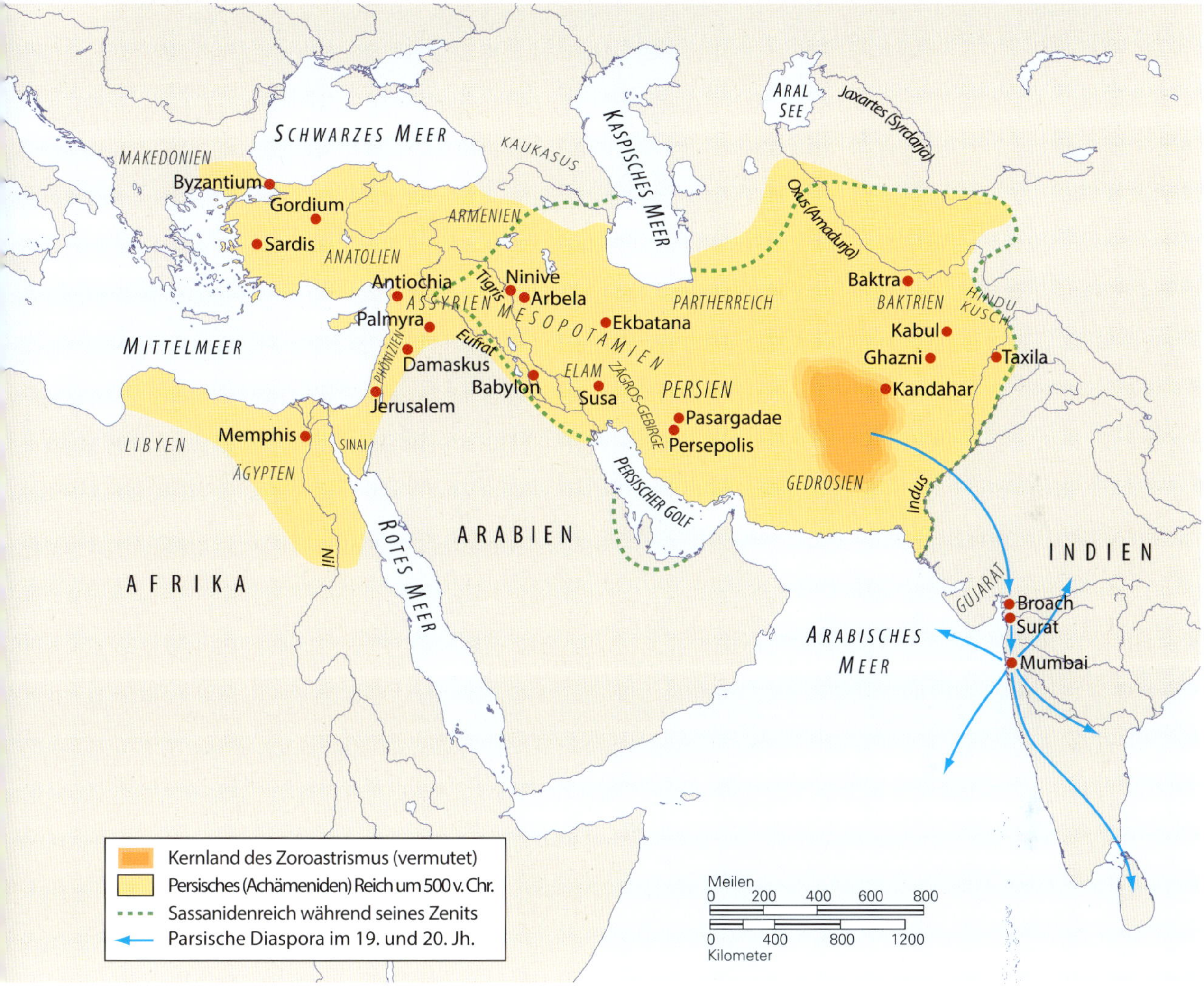


drückung, Armut, Ungerechtigkeit und gesellschaftliche Ausgrenzung erleiden.

Im 10. Jahrhundert n. Chr. verließ eine kleine Gruppe von Zarathustriern Persien, um einen Ort zu finden, wo sie ihre Religion frei ausüben konnten. Sie ließen sich in Indien nieder, wo sie bis heute in Frieden und Freiheit leben. Die Anzahl parsischer und iranischer Zarathustrier wird heute auf 124.000 bis 190.000 Anhänger weltweit geschätzt; das religiöse Zentrum der Religion ist Indien.

Teil 2

# Hinduismus

# Die Ursprünge des Hinduismus

**Die Religion, die uns heute als Hinduismus geläufig ist, ist möglicherweise so alt wie die Zivilisation Indiens selbst. Archäologische Funde deuten auf Zusammenhänge zwischen der Religion der Induskultur, die 2500–1500 v. Chr. im Industal verbreitet war, und dem modernen Hinduismus hin.**

Bei archäologischen Ausgrabungen im Industal wurden Hinweise gefunden, die auf eine hochentwickelte, städtische Kultur – gelegentlich auch als „Harappa-Kultur" bezeichnet – schließen lassen, die über ein gut entwickeltes Landwirtschaftssystem und Getreidespeicher verfügte und Töpferei beherrschte. Über die Religion dieser Zivilisation ist jedoch nur wenig bekannt. Zahlreiche bei den Ausgrabungen gefundene Terrakotta-Figuren deuten auf eine Verbindung mit den späteren Hindu-Gottheiten, wie Shiva und der Muttergöttin, hin, jedoch halten sich Forscher damit zurück, einen eindeutigen Zusammenhang herzustellen. Zwischen 1800 und 1700 v. Chr. scheint die Induskultur einen plötzlichen Niedergang erlebt zu haben.

Was in der Zeit nach dem Untergang der Zivilisation geschah, ist unter Wissenschaftlern umstritten. Einige Forscher behaupten, dass die Induskultur von den Ariern verdrängt wurde, die entweder indo-europäische Invasoren oder Nomaden aus dem Kauskausgebiet waren, die sich auf dem indischen Subkontinent niederließen. Andere glauben, dass die arische Zivilisation sich aus der Industal- bzw. Harappa-Kultur heraus entwickelt hat.

In den Jahren zwischen 1000 und 500 v. Chr. entstand eine florierende Eisenzeit-Kultur, die nach ihrem Keramik-Stil benannt wird: „bemalte graue Keramik" (engl. PGW – *painted grey ware*), und ab etwa 500 n. Chr. von der NPBW-Kultur (*northern black polished ware* – „nördliche schwarz-polierte Keramik") abgelöst wurde.

Wo auch immer der Hinduismus seinen Ursprung hatte, die folgenden 2000 Jahre seiner Geschichte sind eng mit der indo-arischen Kultur verwoben, die oft in regem Austausch mit den nicht-arischen Kulturen der Region stand, jedoch stets maßgeblich war.

Die Sprache der Indo-Arier war das Sanskrit. Alles, was wir über die ersten Arier wissen, entstammt hauptsächlich alten in Sanskrit verfassten Textsammlungen, den sog. Veden, die über Jahrhunderte zusammengetragen wurden und ihren Ursprung in einer 1000 Jahre älteren, mündlichen Erzähltradition haben. Die Religion dieser Epoche trägt ganz unterschiedliche Bezeichnungen: die Vedische Religion, Älterer Hinduismus, Brahmanismus oder Vedischer Brahmanismus. Für viele Hindus sind die Veden eine zeitlose Offenbarung, eine Quelle allen Wissens und ein zentraler Baustein der hinduistischen Identität: Diese Schriften bildeten das Fundament für die spätere Enwicklung des Hinduismus. Die ersten Veden waren hauptsächlich liturgische Texte, die bei Opferritualen für frühe Gottheiten wie Agni den Feuergott, und Soma, den Gott der Pflanzen, verwendet wurden.

Mit der Zeit etablierte sich die indo-arische Kultur in Nordindien. Die Brahmanische (bzw. vedische) Ideologie war ein zentraler Bestandteil des gesellschaftlichen und politischen Leben; Kernanliegen der Veden waren der rituelle Status und die Pflichten des Königs, der Erhalt der gesellschaftlichen Ordnung und die Festlegung des individuellen Verhaltens in Übereinstimmung mit der allumfassenden Lehre der Pflichterfüllung und Rechtschaffenheit (*dharma*). Das Dharma schrieb korrektes rituelles und moralisches Verhalten vor und definierte richtiges Verhalten anhand solcher Faktoren wie sozialem Stand (*varna*) und Lebensabschnitt (*ashrama*). Es funktionierte auf mehreren Ebenen: der transzendenten (*sanatana dharma*), der alltäglichen (*sadharana dharma*) und der individuellen (*svadharma*). Das Dharma zu vernachlässigen, führte in der hindusistischen Glaubenswelt zu unerwünschten gesellschaftlichen und persönlichen Konsequenzen.

## Die spätvedische Zeit

In späteren vedischen Texten wie den Aranyak- und Upanishad-Textsammlungen wurden rituelle Handlungen weniger wichtig, und das Erlernen spirituellen

## URSPRÜNGE DES HINDUISMUS

Karte 8

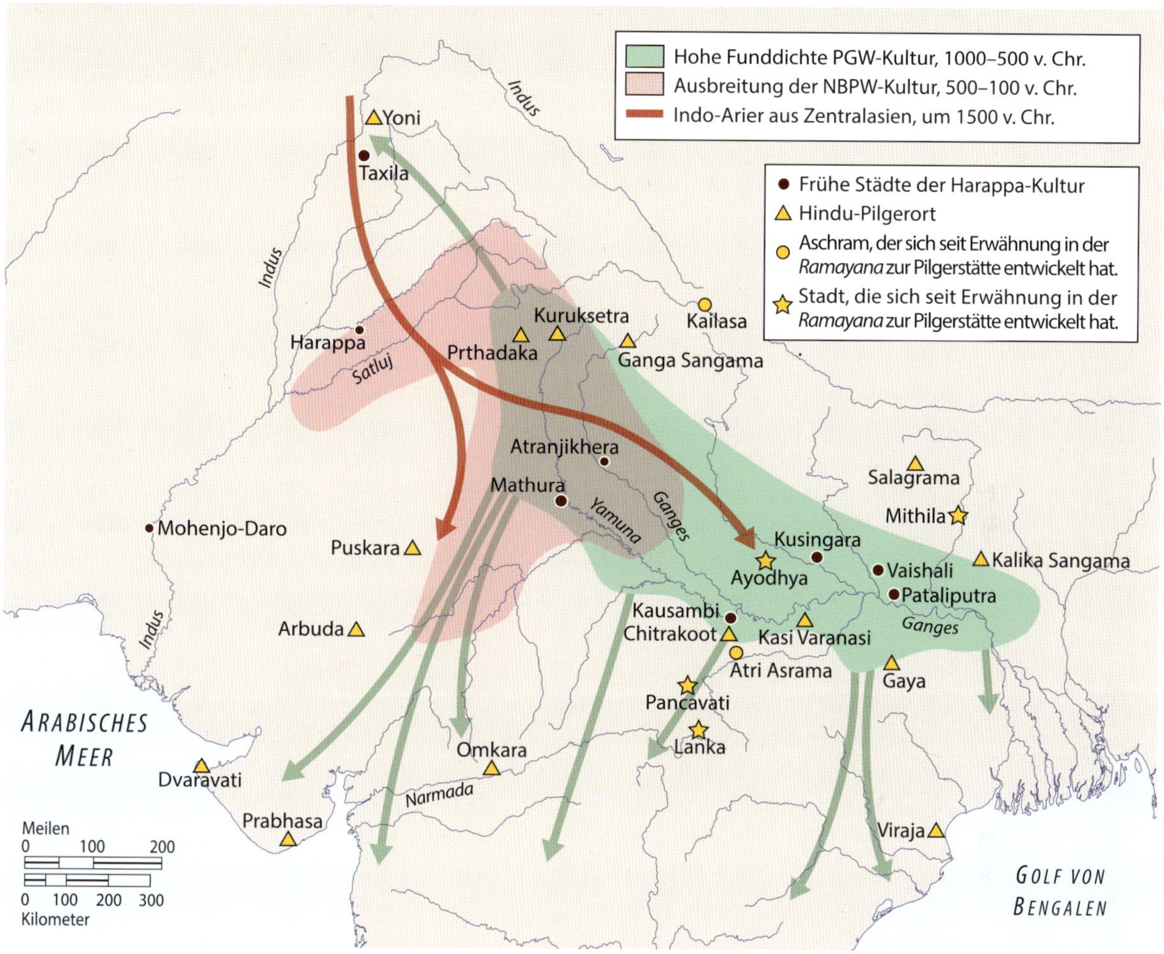


Wissens trat in den Vordergrund. Den Kern dieser Entwicklung bildete die Lehre um Karma, Samsara und Moksha, die besagte, dass alles Leben immer wieder neu reinkarniert (wiedergeboren) wird (*samsara*) und alle Taten Konsequenzen in zukünftigen Leben nach sich ziehen (*karma*). Dieser endlose Zyklus der Wiedergeburt ist von Leid (*dukkha*) geprägt. Eine Befreiung (*moksha*) aus diesem Kreislauf ist nur durch den Erwerb spirituellen Wissens möglich, das damit eine zentrale Bedeutung bekam. Die dazu notwendige Selbstüberwindung und Askesetechniken wurden mit Hilfe der Traditionen des Yoga und der Weltentsagung eingeübt.

In dieser Periode entstanden asketisch orientierte Gruppen wie etwa die *Sranamas*, die eine Befreiung aus dem Kreislauf durch Entbehrung anstrebten. Aus diesen Gruppen entwickelten sich später die Bewegungen des Buddhismus und Jainismus, die die Autorität der Veden ablehnten.

# Hindu-Tempelkult

**Während des ersten Jahrtausends n. Chr. blühten in Indien abseits der vedischen Hauptlehre viele Kulte auf, die sich der Anbetung bestimmter Gottheiten verschrieben. Das vedische Opfer wurde zunehmend marginalisiert und von Anbetungspraktiken verdrängt, wie der *puja*, einem Ritual, das dazu diente, seine Liebe oder Ehrerbietung (*bhakti*) gegenüber einer Gottheit zum Ausdruck zu bringen.**

Dies war auch die Blütezeit für Sanskrit-Erzähltraditionen und religiöse Dichtkunst in verschiedenen indischen Regionaldialekten, insbesondere dem Tamil. Zu den wichtigsten Vertretern der Erzähltradtionen gehören die Hindu-Volksepen *Ramayana* und *Mahabharata*, wie auch die Puranas – Offenbarungstexte, die mythologischen Geschichten über Götter und Göttinen und Abhandlungen über rituelle Anbetung enthalten. Eine der wichtigsten Entwicklungen dieser Zeit war die Abfassung der *Bhagavad Gita* („Gesang des Erhabenen"), das in der *Mahabharata* enthalten ist, und zu den bekanntesten heiligen Schriften des Hinduismus gehört. In Form von Erzählungen beschäftigt sich der Text der *Bhagavad Gita* mit den Kernanliegen des Hinduismus: der Bedeutung des *Dharma*, der Aufrechterhaltung der Standesordnung und gesellschaftlichen Stabilität, wie auch der großen Bedeutung der Verehrung des Transzendenten als personale Gottheit.

In diesem Zeitalter entstanden florierende Tempelstädte, die nicht nur die administrativen und wirtschaftlichen Herzstücke ihrer jeweiligen Königreiche waren, sondern auch als rituelle Zentren fungierten. Der Tempel stand üblicherweise im Herzen der Stadt, und damit im Herzen des Königreichs. Könige versuchten ihren Herrschaftsanspruch zu legitimieren, in dem sie diese rituellen Stätten, die einer der Hauptgottheiten der Puranas geweiht waren, unter ihre Schirmherrschaft nahmen.

## Tempelkulte

Im frühmittelalterlichen Indien breiteten sich die Verehrung Vishnus (Vaishnavismus), oder einer seiner Inkarnationen (üblicherweise Krischna oder Rama), und die Shiva-Verehrung (Shivaismus) großflächig über den Subkontinent aus. Diese Entwicklung stärkte Tempelkulte und verdrängte den Buddhismus. Es entwickelten sich auch sektarische Ablegergruppen, die sich der Verehrung Vishnus (die Vaishnavas), Shivas (die Shaivas) und der Göttin Devi (die Shaktas) verschrieben.

Vom Mittelalter an wurden viele Tempel zunehmend weiblichen Gottheiten geweiht. Diese sogenannten „Shakti"-Tempel sind im ländlichen Indien nach wie vor verbreitet und spielen eine wichtige Rolle im modernen Hinduismus.

In jedem Tempel wurde ein geweihtes Götterbild *(Murti)* aufbewahrt, das als Teilmanifestation der jeweiligen Gottheit verstanden wurde. „Leitfäden" wie die *Agamas, Tantras* und *Sarnhitas* beschrieben die Rituale, die während der Anbetung im Tempel durchgeführt werden mussten. Im Tempel wurde ein tägliches Ritual vollzogen, bei dem die Gottheit aufgeweckt, angezogen, gebadet, gespeist und unterhalten werden musste – als ob sie ein König sei. Diese feststehenden Götterbilder wurden an einem heiligen Ort innerhalb des Tempels versteckt, jedoch gab es oft tragbare Versionen, die an Festtagen im Rahmen einer Prozession durch die Stadt oder das Dorf getragen wurden.

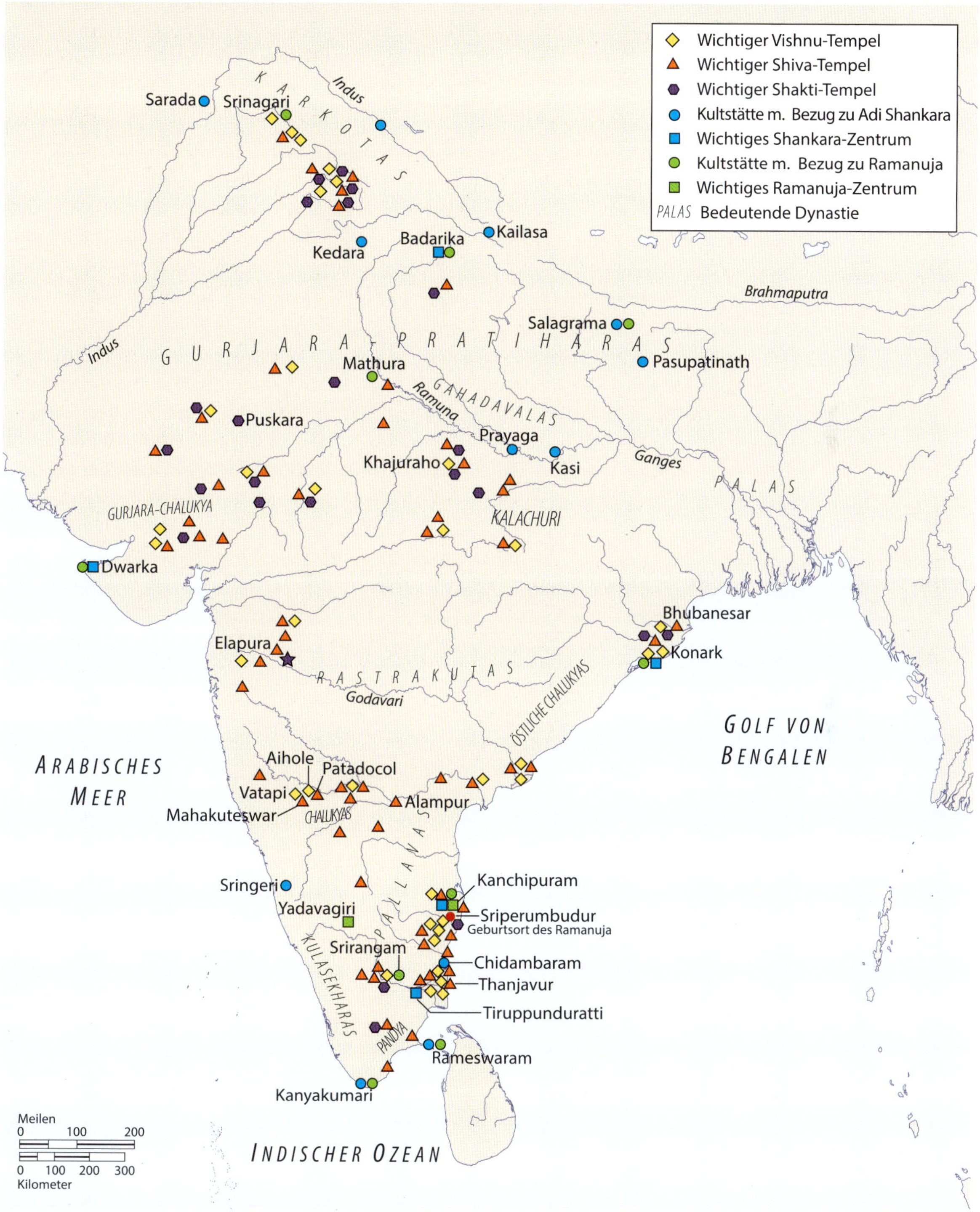
Wichtiger Vishnu-Tempel
Wichtiger Shiva-Tempel
Wichtiger Shakti-Tempel
Kultstätte m. Bezug zu Adi Shankara
Wichtiges Shankara-Zentrum
Kultstätte m. Bezug zu Ramanuja
Wichtiges Ramanuja-Zentrum
PALAS Bedeutende Dynastie
Sarada
Srinagari
KARKOTAS
Indus
Kedara
Badarika
Kailasa
Brahmaputra
Salagrama
GURJARA-PRATIHARAS
Pasupatinath
Mathura
Ramuna
GAHADAVALAS
Puskara
Prayaga
Kasi
Ganges
Khajuraho
PALAS
GURJARA-CHALUKYA
KALACHURI
Dwarka
Bhubanesar
Elapura
Konark
RASTRAKUTAS
Godavari
ÖSTLICHE CHALUKYAS
GOLF VON BENGALEN
ARABISCHES MEER
Aihole
Patadocol
Vatapi
Alampur
Mahakuteswar
CHALUKYAS
PALLAVAS
Sringeri
Kanchipuram
Yadavagiri
Sriperumbudur
Geburtsort des Ramanuja
KULASEKHARAS
Srirangam
Chidambaram
Thanjavur
Tiruppunduratti
PANDYA
Rameswaram
Kanyakumari
Meilen
0 100 200
0 100 200 300
Kilometer
INDISCHER OZEAN

# Der Hinduismus und das Heilige

**Traditionsgemäß gibt es sieben Orte, die eine besondere religiöse Bedeutung für Hindus tragen: Varanasi, das mit Shiva assoziert wird; Kanchipuram, in dem ein der Shiva geweihter Tempel steht; Haridwar, Ujjain, Ayodhya, sowie Mathura und Dwarka, die beide mit Krishna in Verbindung gebracht werden. Das Land Indien selbst wird als „göttliche Mutter" (*Bharat Mata*) verehrt und durch *Shakti Pithas*, Pilgerstätten und Zentren der Göttinenverehrung, geheiligt.**

Im Hinduismus sind heilige Flüsse und die heiligen Dörfer und Städte, die an ihren Ufern liegen, von besonderer Wichtigkeit. Sie werden als Übergangsorte (*tirtha*) verstanden: Stätten, die einen Übergang markieren: zwischen dem Profanen und dem Heiligen, der Welt der Lebenden und der Welt der Toten.

Es werden sieben heilige Flüsse benannt: Ganges, Sarasvati (ein mythologischer Flusslauf, dessen geografische Verortung umstritten ist), Yamuna, Indus, Narmada, Godavari und Kaveri. Von diesen ist der Ganges *(Ganga)*, von dem behauptet wird, er sei von den Sternen herabgekommen, der wichtigste. Tausende Hindus nehmen täglich ein kurzes Bad in den Wassern des Flusses und halten sich damit an das rituelle Reinheitsgebot, das im Hinduismus lebensnotwendig ist. Ein einziges Untertauchen im Fluss stellt für den Gläubigen laut Volksglaube einen beachtlichen spirituellen Verdienst dar. „Die große Mutter", wie der Fluss auch genannt wird, ist heute stark verschmutzt. In einem einzigen 8 km langen Abschnitt des ingesamt 2.600 km langen Flusses vollziehen etwa 60.000 Menschen täglich ihre rituelle Waschung. Dennoch sind Teile des Flusses derart von ungeklärtem Abwasser, Industrieabfällen und Pestiziden verseucht, dass das Wasser nicht nur dreckig ist, sondern giftig und krebserregend und Krankheitserreger enthält. Es wurden bereits hunderte Millionen Dollar für Versuche ausgegeben, den Fluss zu reinigen, jedoch haben diese Bemühungen bisher wenig Erfolg gehabt. Ein Teil des Problems ist die Ansicht vieler Hindus, dass für den Ganges aufgrund seines Heilig-Seins solche Beeinträchtigungen nebensächlich sind. Das Wasser des Flusses wird (sogar medizinisch) als rein betrachtet; eine Reinheit, die in der Verantwortung der Götter und nicht der Menschen liegt.

Im Hinduismus findet sich das Heilige überall, nicht nur in Tempeln oder Götterbildern, sondern auch in der Natur – in Steinen, Bäumen, Bergen und Flüssen. Von Zeit zu Zeit offenbart es sich in Form eines geheimnisvollen Felsens, Stroms oder einer Quelle, woraufhin die Stätte einer solchen Manifestation schnell zu einem Ort der Anbetung wird. In besonders vielversprechenden Monaten des hinduistischen Kalenders strömen Pilger zu diesen Stätten, woraufhin sich Geschichten über die wundersame Kraft dieser Pilgerorte verbreiten.

Indischer Sadhu in der Nähe des Ganges in Haridwar im indischen Uttarakhand

## HEILIGE STÄTTEN DES HINDUISMUS

Karte 10

# Der Hinduismus in der Gegenwart

**Der Hinduismus als solcher wird erst seit dem 19. Jahrhundert als Weltreligion angesehen, nachdem hinduistische Reformer und Orientalisten aus dem Westen begannen, die zahlreichen unterschiedlichen Glaubensströmungen und -praktiken, die das religiöse Leben in Südasien ausmachen, mit dem Begriff „Hinduismus" zu beschreiben.**

Bis heute besitzt der Hinduismus zahlreiche Eigenschaften einer „ethnischen Religion". Er besitzt keinen historischen Begründer, keine zentrale Offenbarung, kein Glaubensbekenntnis oder vereinheitlichtes System gemeinsamer Glaubenswerte, keine zentrale Errettungslehre und keine Autorität in der Lehre – was ihn von anderen Weltreligionen unterscheidet. Kennzeichnend für den Hinduismus ist eine große Vielfalt unterschiedlicher religiöser Bewegungen, Lehren, Glaubenssysteme und Praktiken. Es gibt keine eindeutige Trennung des Heiligen und des Profanen, des Natürlichen und des Übernatürlichen: Religion und Alltagsleben sind untrennbar miteinander verwoben. Dennoch sind sich die meisten Forscher einig, dass es einige Strömungen gibt, die sich in allen unterschiedlichen hinduistischen Traditionen wiederfinden.

In seiner langen Geschichte war der Hinduismus Zeuge zahlreicher Veränderungen: beispielsweise dem Aufstieg und Fall einiger alter Götterkulte, wie den um Indra, den König der Götter, oder Varuna, den Gott des Meeres; oder dem Bedeutungszerfall des Feueropfers und der zunehmenden Beliebtheit der *Bhakti*-Tradition im 6. Jahrhundert n. Chr.

Beeinflusst von westlichen Werten setzten sich im 19. und 20. Jahrhundert hinduistische Reformer wie Vivekananda (1863–1902) Ram Mohan Roy (1772–1833), Mohandas (Mahatma) Gandhi (1869–1948) und Sarvepalli Radhakrishnan (1888–1975) für einen ethischeren Hinduismus ein, frei von Praktiken wie dem *Sati*, der Witwenverbrennung, oder der Verheiratung von Kindern. Seitdem ist der Hinduismus wieder etwas von diesen Reformen zurückgewichen, obwohl *Sati* äußerst selten und in Indien streng verboten ist. Einige Hindus halten sich heutzutage nach wie vor an traditionelle hinduistische Praktiken und holen die Meinung von Sterndeutern und Gurus ein. Seit der indischen Unabhängigkeit ist der Hinduismus von nationalistischen Hindu-Parteien, die Indien als einen hinduistischen Staat propagieren, auch zunehmend politisch instrumentalisiert worden.

Der Hinduismus hat seine nationalen Grenzen hinter sich gelassen. Obwohl er an Orten wie Java und Bali schon lange außerhalb des indischen Subkontinents erstarkt ist, breitete sich die hinduistische Diaspora im 20. Jahrhundert weiter aus und gründete Gemeinden in der ganzen Welt. Viele Hindus wanderten in den Westen aus, wo sie als religiöse Minderheiten

## DER HINDUISMUS HEUTE

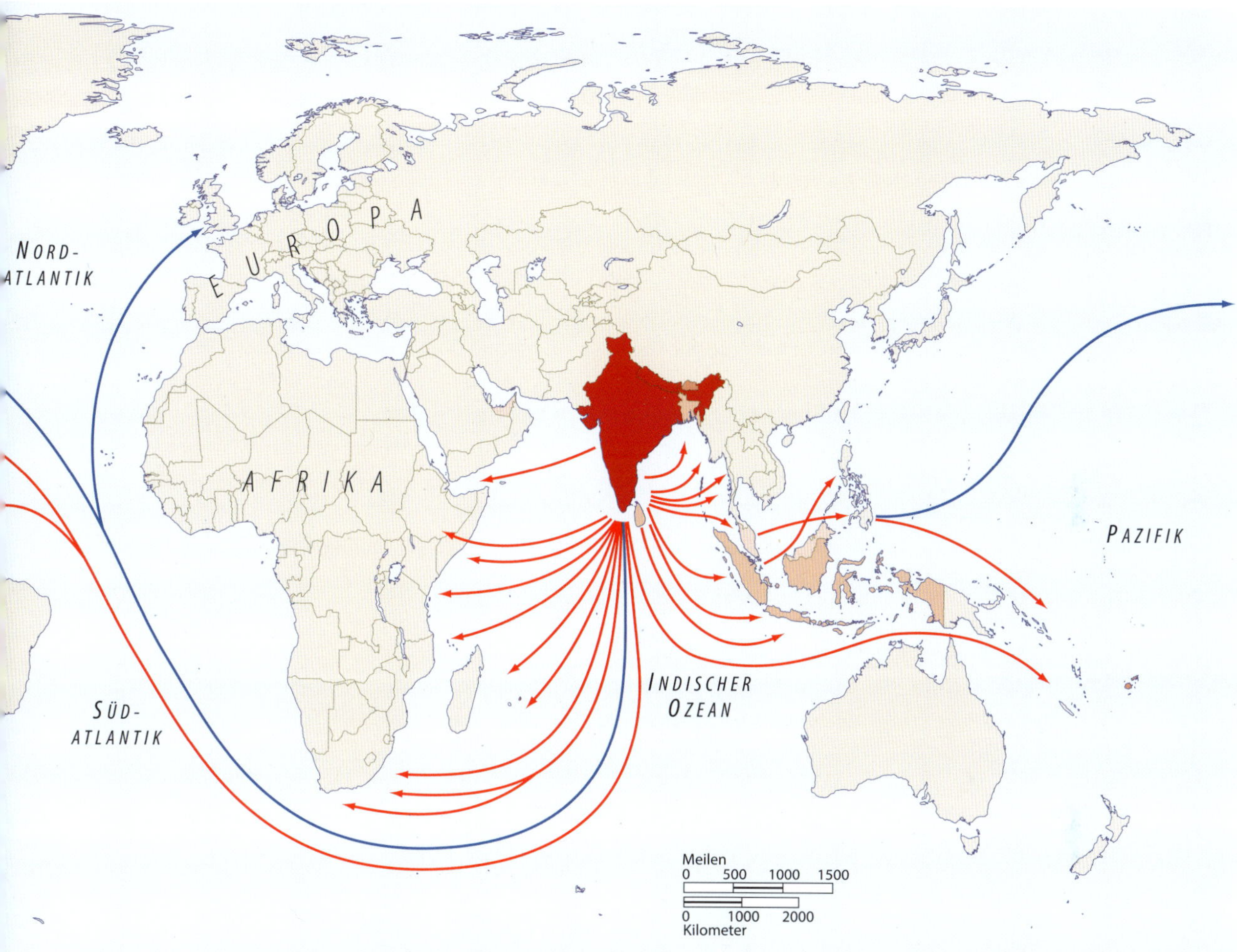


eine eigenständige Form ihrer Religion entwickelten. Einige der im Westen entstandenen Gedanken wurden wieder zurück nach Indien gebracht und stärkten das Bewusstsein für mystische Traditionen, heilige Stätten und esoterische Formen der Spiritualität. Das allgemeine Interesse an Pilgerfahrten zu heiligen Schreinen, wie dem Sabarimala-Tempel in Kerala, oder religiösen Festen wie dem Kumbh Mela ist gestiegen. Im modernen Hinduismus ist das Kastensystem wieder erstarkt. Zu Beginn des 20. Jahrhundets wollten Reformbewegungen das System, das sie als chauvinistisch und diskriminierend empfanden, modernisieren. Revisionistisches Gedankengut betont inzwischen die positiven Aspekte des Kastenswesens. Gleichzeitg haben einige der „unberührbaren" Gruppen und Stammesverbände begonnen, ihre traditionellen Gottheiten und Praktiken aufzugeben und sie bauen Tempel und beten Hindu-Gottheiten wie Vishnu und Shiva an.

Allgemeinhin scheint der Hinduismus sich in der modernen Welt wohlzufühlen – mit Ausnahme einiger fundamentalistischer Strömungen. Yoga und ähnliche spirituelle Praktiken werden weithin praktiziert, und hinduistische, spirituelle Lehrer sind weltweit aktiv.

# Jainismus

**Der Jainismus enstand, wie der Hinduismus und Buddhismus, aus den vedischen Kulturen Nordindiens im 5. Jahrhundert v. Chr. Die Religion fußt auf den Lehrer des Mahavira, den die Jainisten als den 24. Jina („Sieger") des letzten kosmischen Zyklus verehren. Traditionell wird seine Lebenszeit auf 599–527 v. Chr. datiert.**

Jainisten sind überzeugt, dass alle Lebewesen eine Seele besitzen. Diese Seelen befinden sich in einem Kreislauf aus Tod und Wiedergeburt, der nur durchbrochen werden kann, wenn die einzelne Person einen stark asketischen Lebenswandel führt, um die Allwissenheit zu erlangen – ganz nach dem Vorbild des Mahavira selbst. Nach Mahaviras Tod spaltete sich der Jainismus in zwei Strömungen auf: die Digembaras und Shvetambaras, die sich hinsichtlich ihrer heiligen Schriften uneins sind. Die Shvetambaras glauben, dass ihr Kanon direkt vom „zwölfgliedrigen Korb", den gesammelten Lehren des Mahavira, abstammt, während die Digembara-Jainisten glauben, dass diese Schriften verlorengegangen sind. Die beiden Strömungen streiten sich auch darüber, ob es weibliche *Jinas* gab.

Das Klosterwesen spielt im Jainismus eine wichtige Rolle, da die Askese einen hohen Stellenwert hat. Die gegenseitige Abhängigkeit von Asketen und Laiengläubigen ist einer der zentralen Pfeiler der traditionellen jainistischen Gesellschaft. Da Jainisten die Auffassung vertreten, dass alle Lebewesen beseelt sind, folgen sie einem strengen Verhaltenskodex der Friedfertigkeit, der es ihnen verbietet, auch nur irgendeinem Lebewesen Gewalt anzutun. Um in der modernen Welt leben zu können, müssen Jainisten oft Kompromisse eingehen, die ihren strengeren Regeln zuwider laufen. Beispielsweise mögen sich einige asketische Jainisten weigern, elektrische Geräte zu verwenden, da sie damit Kleinstlebewesen schaden könnten, während die meisten anderen jedoch wissenschaftliche und technische Entdeckungen akzeptieren.

In den Jahrhunderten nach Mahaviras Tod breitete sich der Jainismus über Indien aus, das bis heute die Heimat der Bewegung ist. Zwar gibt es jainistische Gruppen in der Diaspora, jedoch sind diese klein, und ihnen fehlen die Geistlichen, da diese Asketen nur zu Fuß reisen dürfen. Weltweit gibt es drei Millionen Jainisten; die meisten davon leben in Indien. Digembaras leben überwiegend im Dekkan, in Delhi, Ostrajasthan und dem benachbarten Madhya Pradesh; Shvetambaras leben vornehmlich in Mumbai, Delhi, Rajasthan, Gujarat, und Madhya Pradesh. Es gibt auch jainistische Gemeinschaften in Ostafrika, Europa und Nordamerika.

Ein Teil der kunstvoll geschnitzten Decke des jainistischen Sonnentempels in Ranakpur im indischen Rajasthan

## JAINISMUS IN INDIEN

Karte 12

# Teil 3

# Buddhismus

# Die Ursprünge des Buddhismus

**„Buddhismus“, nach seinem Gründer Buddha („der Erwachte“) benannt, ist die deutsche Bezeichnung für eine Religion, die von ihren Anhängern *Dharma* genannt wird – was sowohl „die Lehre“ bedeutet als auch den grundsätzlichen Zustand des Seins beschreibt.**

Das tradtionell überlieferte Geburtsdatum Buddhas, der 80 Jahre lang in Nordindien lebte, ist 563 v. Chr. Jedoch datieren die meisten Historiker seine Geburt auf etwa ein Jahrhundert später und seinen Tod auf die Zeit um 400 v. Chr. Sein Sippenname war Gautama, aber in späteren Überlieferungen wurde er Siddharta genannt.

Buddhisten betonen überwiegend nicht die Person des Buddha, sondern seine Lehre, die Menschen – ihrer Auffassung nach – zu einem Verständnis der Dinge, wie sie wirklich sind, führt und sie dazu veranlasst, ihr Leben radikal neu zu bewerten. Es war diese Wahrheit, die Buddha bei seiner Erleuchtung erkannte und anschließend weitergab.

### Wer war Buddha?

Der Buddhismus ist seit jeher eher daran interessiert, wie die Lebensgeschiche Buddhas seine Lehren veranschaulicht als an der Historizität seiner Biografie. Die Legende um sein Leben – ein Prinz, der behütet aufwuchs und keinerlei Erfahrung mit den unangenehmen Seiten des Lebens hatte – entwickelte sich erst nach seinem Tod. Laut anderer Quellen in der mittelindischen Schriftsprache Pali war Buddha ein Adliger aus dem Königreich Shakya, der in seiner Kindheit und Jugend vor leidvollen Erfahrungen behütet würde. Der Schock, den er beim Anblick von hohem Alter, Krankheit und Tod erlebte, führte dazu, dass er allen weltlichen Interessen entsagte. Er war bereits verheiratet gewesen und hatte einen Sohn, verließ seine Familie jedoch, um ein Leben als wandernder Wissenssucher zu führen und sich der Meditation, dem Studium und der Askese zu widmen – Nahrung würde er durch das Erbitten von Almosen bekommen. Das Ziel seiner Suche war die Wahrheit, die zu einer vollkommenen Leidensfreiheit führen würde.

Nach einer Zeit, die er in tiefer Meditation verbrachte, öffneten sich seine Augen für den wahren Daseinszustand allen Lebens, und diese Wahrheit machte ihn frei. Er war nun „der Erwachte“, der Buddha. Er sammelte eine Schar Jünger um sich und reiste durch Nordindien, wo er seine Lehre an alle weitergab, die bereit waren zuzuhören. Buddha starb in einem hohen Alter. Für ihn hatte der Tod jedoch keine Bedeutung mehr.

### Was lehrte Buddha?

Buddha lehrte, dass das Sehen der Dinge, „wie sie wirklich sind“, der Weg zur Überwindung aller Unanehmlichkeiten, Imperfektion und Frust (*dukkha,* wörtl. „Schmerz“ oder „Leid“) sei. Wenn wir in die Tiefe blicken, sehen wir, dass unser Leben in seinem Ursprung lediglich *dukkha* ist.

In der buddhistischen Tradition existiert kein Schöpfergott. Das Leid ist ein Produkt unseres Nichtwissens, eine Konsequenz der Tatsache, dass wir die Dinge nicht sehen, wie sie wirklich sind. Der Kern dieses Nichtwissens liegt darin, dass wir es nicht zustandebringen, anzuerkennen, dass alles von Natur aus unbeständig ist. Wir müssen lernen, unsere Bindungen loszulassen und unser tief liegendes Verständnis unseres Selbst aufzugeben. Schließlich sind wir verwirrt und leiden bereits seit unzähligen, unendlichen Lebzeiten.

Im Moment des Todes hört der Körper auf zu existieren, aber der ewige Fluss des Bewusstseins und seiner mentalen Begleiterscheinungen existiert weiter fort und „webt“ einen neuen Körper, gemäß unseren guten oder schlechten Taten

## DAS BUDDHISTISCHE KERNLAND

Karte 13

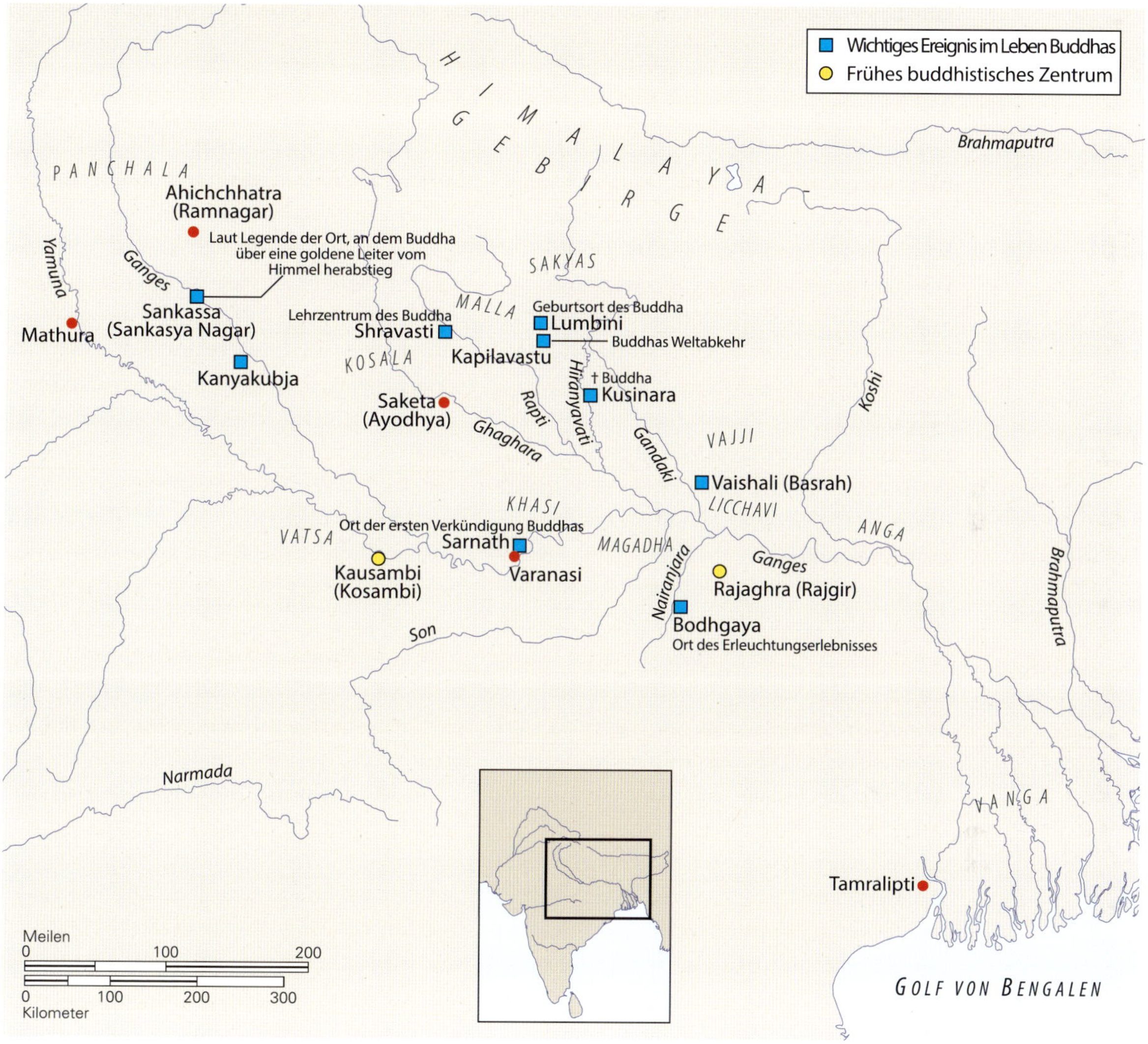


*(karma).* Diese Wiedergeburt unterwirft uns jedoch wieder dem Leid – Alter, Krankheit und Tod. Der Prozess kann nur durch das Loslassen auf der tiefsten Ebene beendet werden. Dies ist nur durch Meditation möglich. Diese Einstellung bezeichnen die Buddhisten als „Erleuchtung" (auf Sanskrit: *Nirwana*).

**Den Kern der Vision des Buddhas für den Weg zum Nirwana bildete ein Orden aus Mönchen und Nonnen – die *Sangha.* Die Ordensangehörigen sollten von Almosen leben und ihre Ernsthaftigkeit gegenüber dem Konzept der radikalen Verwandlung durch Verzicht und Abkehr unter Beweis stellen. Mit der Zeit wurden Klöster gegründet und eine Ordensregel verfasst, die die Lebensführung der *Sangha* festlegte.**

Buddha erwählte keinen Nachfolger, sondern bestimmte laut Überlieferung seine Lehre, die *Dharma,* zu seiner „Nachfolgerin". Nach seinem Tod kam es jedoch zu Unstimmigkeiten, bei denen es anfänglich um Ordensregeln ging. Dort, wo die Streitigkeiten nicht beigelegt werden konnten, verließen die sich in der Minderheit befindlichen Mönche den Orden. Dies führte zur Entstehung unterschiedlicher Ordenstraditionen. Die bekannteste – und einzige noch bestehende frühindisch-buddhistische Tradition – dieser Mönchsgemeinden ist der Theraveda („Schule der Ältesten"), den man heutzutage in Sri Lanka, Thailand, Kambodscha und Myanmar findet. Im Laufe der Zeit entwickelten sich auch unterschiedliche Lehrmeinungen, aus denen gelegentlich historisch klar definierbare Denkschulen entstanden. Die als Pudgalavada bekannte Schule bestand etwa drauf, dass es eine als „Person" *(pudgala)* benennbare Realität in uns gibt, obwohl die ursprüngliche Lehre den Gedanken des „Nicht-Selbst" vertrat. In anderen Debatten ging es darum, wer oder was der Buddha war. Einige behaupteten, dass ein Buddha sehr viel außergewöhnlicher ist, als die Leute denken: Er benötigt weder Schlaf, noch Nahrung und hat keinen Stuhlgang, er tut es lediglich, um menschliche Erwartungen zu erfüllen.

## Der Mahayana-Buddhismus

Die folgenreichste Entwicklung innerhalb des Buddhismus war die Entstehung des Mahayana („großes Gefährt"), der erstmalig in Schriften aus der Zeit um das 1. Jahrhundert n. Chr. erwähnt wird. Der Mahayana-Buddhismus ist jedoch keine Lehrmeinung oder Ordenstradition in sich; in dieser Hinsicht macht es keinen Sinn, den Buddhismus in zwei Schulen zu unterteilen (Theraveda und Mahayana). Mahayana ist im Grunde eine Vision dessen, was den Buddhismus *eigentlich* ausmacht.

Das Mahayana taucht zum ersten Mal in den Mahayana-Sutras auf, die umstrittenerweise von sich behaupten, die Worte des Buddhas höchstselbst zu sein. In diesen Texten wird zwischen dem Zustand der Freiheit von allem Leiden, dem „Erleuchtetsein", und dem Dasein als Buddha unterschieden. Ein Buddha verkörpert mehr als die Befreiung vom Leid, er zeichnet sich auch durch Mitgefühl aus. Er besitzt wundersame Gaben, um anderen zu helfen. Ein Buddha zu werden, erfordert viele Lebenszeiten des spirituellen Strebens. Diejenigen, die dieses höchste aller Ziele anstreben, sind nicht nur ihrer eigenen Freiheit von Leid und der Wiedergeburt verpflichtet, sondern geloben auch, dem langen Weg zum Buddhasein überzahlreiche Wiedergeburten hinweg zu folgen.

Der Mahayana ist der Weg derjenigen, die danach streben, vollendete Buddhas zu werden. Die Menschen, die dieses Gelübde ablegen, werden *Bodhisattvas* genannt. Mit der Zeit entwickelte der Mahayana den Gedanken, dass ein Buddha jemanden, der lediglich seinem Leiden ein Ende bereitet, überlegen sei. Selbst der Tod des Buddhas wurde als eine „geschickte Lehrinszenierung" der Unbeständigkeit ausgelegt. Laut der Mahayana existiert Buddha – ja, eine unendliche Anzahl von Buddhas – auf einer höheren Existenzebene weiter. Mit ihrem Mitgefühl und ihren Wunderkräften helfen sie den Bedürftigen. An ihrer Seite sind *Bodhisattvas,* die auf ihrem Weg fortgeschritten und ebenfalls voller Mitgefühl sind, wie auch die Fähigkeit besitzen, anderen beizustehen.

Ein wichtiger Moment in der Geschichte des Buddhismus war die Konvertierung des großen Königs Ashoka (3. Jahrhundert n. Chr.), dessen Patronage wichtig für die Religion war. Die Behauptung, dass er den Buddhismus zur Staatsreligion machen wollte, wird heutzutage jedoch von Historikern abgelehnt.

## BUDDHISTISCHE AUSBREITUNG IN INDIEN

**Karte 14**

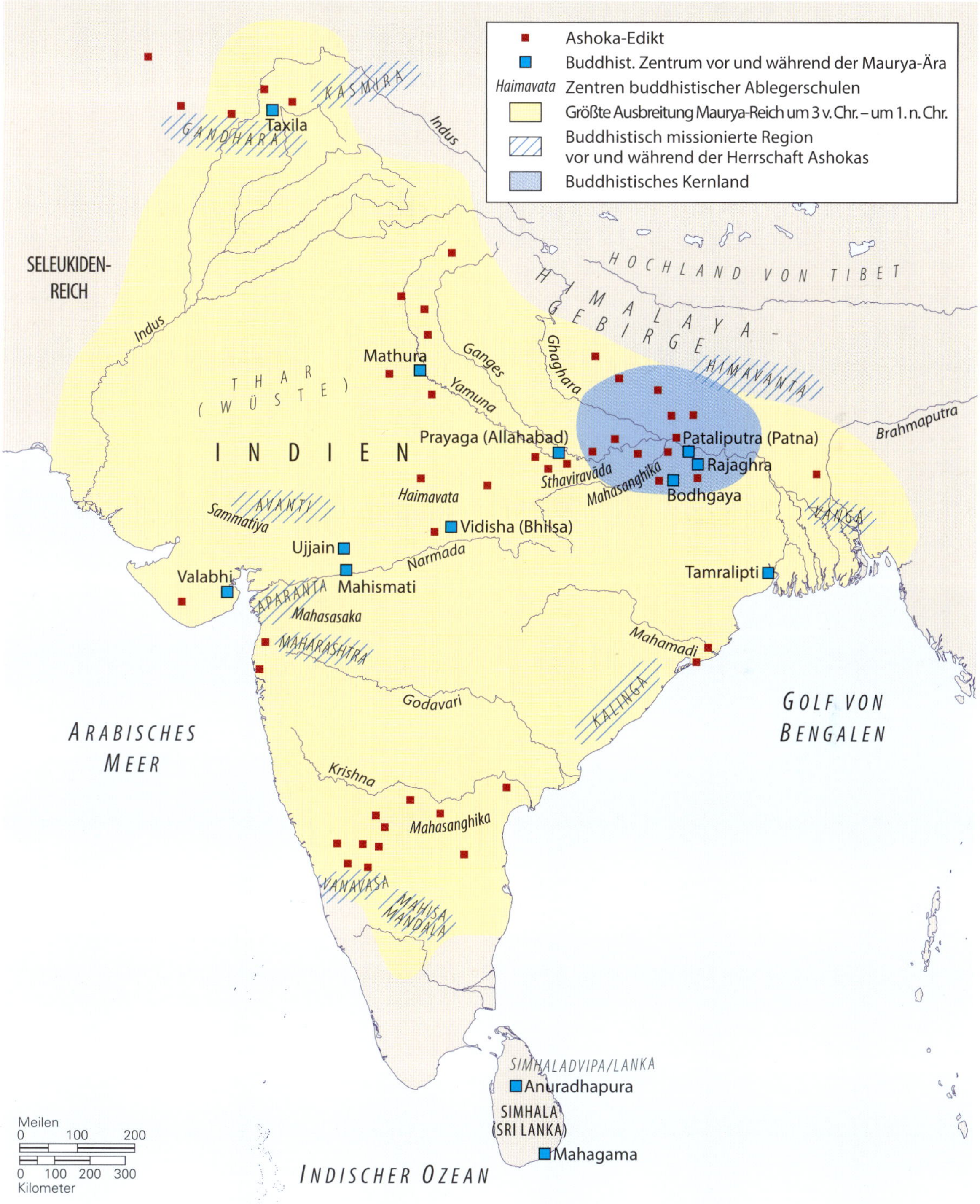

**Während Ashokas Herrschaft begann der Buddhismus sich weiter auszubreiten; laut Überlieferung nach Sri Lanka und später nach Südostasien. Nach China kam die Religion über zentralasiatische Handelsrouten in den ersten Jahrhunderten n. Chr. und breitete sich weiter nach Korea und in andere ostasiatische Länder aus. Im 6. Jahrhundert n. Chr. erreichte der Buddhismus Japan. Nach Tibet kam er ab dem 7. Jahrhundert n. Chr. auf verschiedenen Wegen, unter anderem über Indien und China.**

In Indien selbst ließ der Einfluss des Buddhismus aus bisher nicht vollständig geklärten Gründen ab dem 14. Jahrhundert nach. Mögliche Erklärungen könnten der Aufstieg theistischer Formen des Hinduismus und der Einfluss des Islam gewesen sein.

Für gewöhnlich wird der Buddhismus aus China, Japan und Tibet als Mahayana-Buddhismus bezeichnet, während diesem der Theraveda-Buddhismus aus, beispielsweise, Südostasien gegenübergestellt wird. Dies ist jedoch irreführend. Wie bereits erwähnt, sind Mahayana und Theraveda kein vergleichbares Phänomen. Dennoch gelangten viele Schriften des Mahayana nach China, Japan und Tibet, wo ihre Aussagen mit uneingeschränkter Autorität angenommen wurden. Im Gegensatz zum südostasiatischen Buddhismus konnte man davon ausgehen, dass die Buddhisten dieser Länder die Vision des Mahayana als ihr höchstes Ziel ansahen.

## Zen

Besonders charakteristisch für den ostasiatischen Buddhismus ist eine Tradition, die in Japan als „Zen" (sprachverwandt mit dem Sanskritwort für Meditation) bezeichnet wird. Der Gedanke des Zen betont eine direkte, non-verbale und intuitive Form der Erkenntnis, die durch Kunst, wie die Malerei, ausgedrückt werden kann, aber Erleuchtung auch durch Schock oder Humor hervorbringen kann.

Im japanischen Buddhismus spielt auch die durch den Mönch Shinran ins Leben gerufene Glaubenstradition aus dem 13. Jahrhundert eine wichtige Rolle. Shinrans Lehre besagt, dass das Erlangen des Buddhaseins jenseits der Möglichkeiten der Unerleuchteten liegt. Nur durch die völlige Aufgabe der Eigenständigkeit und das Vertrauen auf die rettende Kraft des Buddha kann die bereits erleuchtete Natur des Buddha (der hier verehrte Buddha wird Amida / Amitabha genannt) durchscheinen. Der Mensch muss den egoistischen Gedanken aufgeben, dass er irgendetwas spirituell Erstrebenswertes – einschließlich der Erleuchtung – durch eigene Kraft erreichen könne. Das Dasein als Mönch oder Nonne, sogar die Meditation selbst, ist schlussendlich nur eine irrelevante Ablenkung und eine mögliche Quelle egoistischer Bindung.

## Tantra und Vajrayana

Der Glaube an Magie – die Beeinflussung unsichtbarer Kräfte um ein gewünschtes Resultat zu erzielen – wurde von Anfang an von Buddhisten akzeptiert. Wege, um diese Kräfte zu beeinflussen, waren üblicherweise Rituale wie magische Kreise (Mandalas), die Rezitation von Machtworten (Mantras) oder die Visualisierung. Es kam vor, dass buddhistische Mönche und Nonnen neben ihren Lehrtätigkeiten von den Laiengemeinschaften, von denen sie unterstützt wurden, gebeten wurden, magische Rituale für eine gute Ernte, Gesundheit oder ihre Kinder durchzuführen. Es gab buddhistische Ritualtexte, meistens als „Tantras" bezeichnet, die umstrittenerweise Buddha selbst zugeschrieben wurden. Schrittweise wurden die strittigeren Aspekte des tantrischen Buddhismus jedoch aufgeweicht und als Mitge-

## DIE ERSTE AUSBREITUNGSPERIODE DES BUDDHISMUS — Karte 15

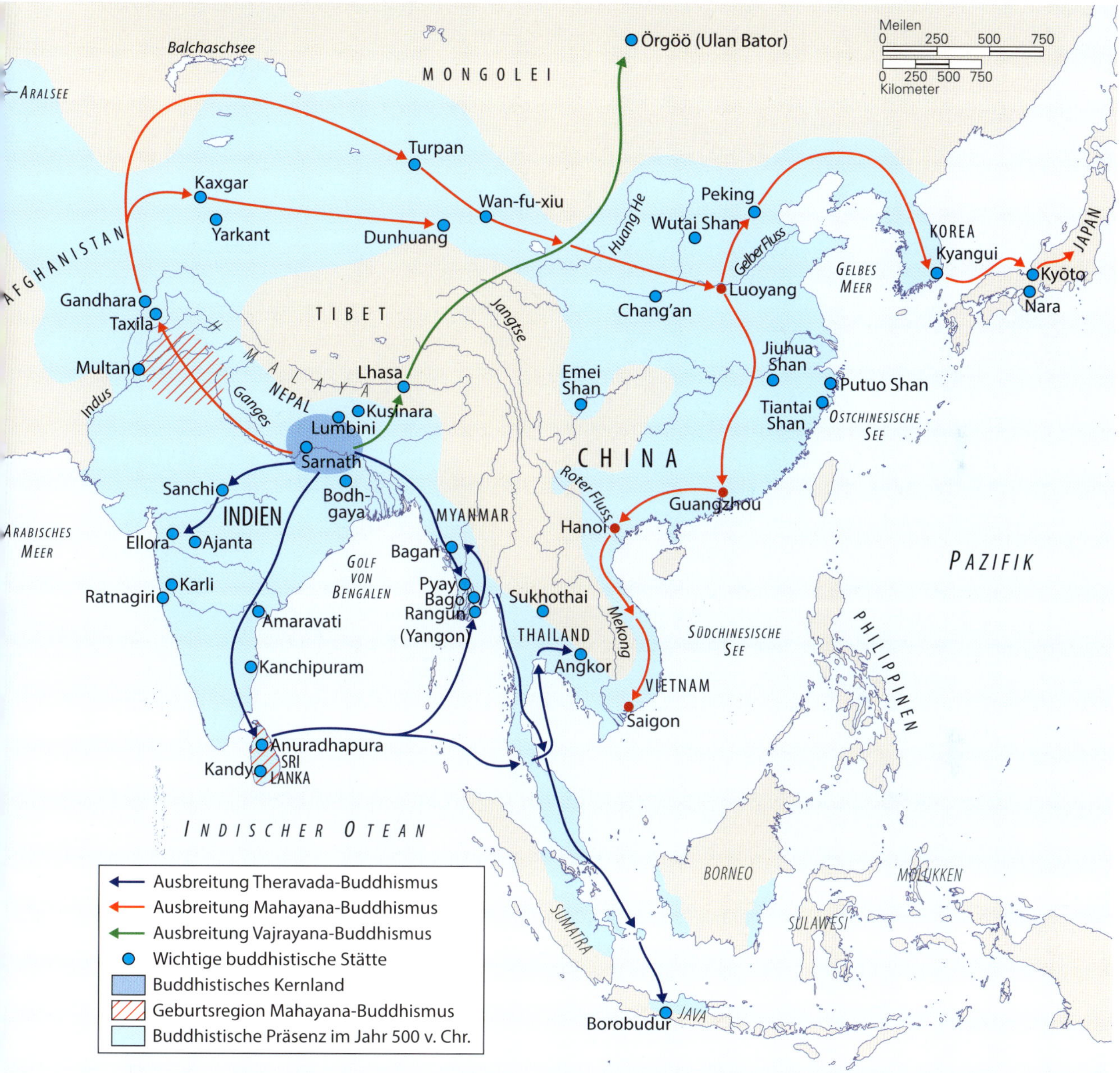


fühls- und Weisheitsgedanken in den größeren Lehrkontext der Mahayana aufgenommen. Solche Formen des Tantra finden sich im tibetanischen Buddhismus.

# Buddhismus in der Gegenwart

**Während der europäischen Kolonialzeit begannen Besucher aus dem Westen, sich mit dem Buddhismus zu befassen. Daraus enstand eine stärker schriftorientierte Auslegung der Religion in der westlichen Welt. Der asiatische Buddhismus erlebte indessen eine neue Blütezeit, ausgelöst von dem Streben, sich gegen christliche Missionsbemühungen zu wehren.**

In Sri Lanka entwickelte sich beispielsweise eine Form von „protestantischem Buddhismus". Diese Form des Buddhismus „protestierte" einerseits gegen das Christentum, nahm andererseits aber auch einige Elemente daraus auf. In Myanmar vollzog sich eine ähnliche Art der Erweckungsbewegung. Zu Beginn des 20. Jahrhunderts erlebte auch der chinesische Buddhismus einen neuen Aufschwung, dessen Auswirkung jedoch durch die Entstehung säkularer Ideologien abgeschwächt wurde.

## Säkulare Ideologien und Autoritarismus

Mitte des 20. Jahrhunderts wurde der Buddhismus in Kambodscha, China, Korea, Laos, Tibet und Vietnam durch kommunistische Regimes unterdrückt. Nach der Entstehung der Volksrepublik China im Jahr 1949 gingen die Anführer der kommunistischen Partei davon aus, dass der Buddhismus aussterben würde. Als dies nicht passierte, kam es zu bewusst angestifteten, gewalttätigen Übergriffen auf buddhistische Führungspersönlichkeiten und Verwüstungen religiöser Gebäude, vor allem während der chinesischen Kulturrevolution (1966–1976).

Mit dem Ende des britischen Protektorats in Indien (1947) ergab sich für das kommunistische China die Gelegenheit, 1950 in Tibet einzufallen. 1959 floh der buddhistische Anführer, der Dalai Lama, und China übernahm die unmittelbare Herrschaft des Landes. Auf die Übernahme folgte eine systematische Unterdrückung der buddhistischen Kultur Tibets: Klöster wurden geplündert, Bibliotheken und religiöse Kunstwerke zerstört und Mönche hingerichtet. Tausende von Tibetern flohen aus dem Land, überwiegend nach Indien, Nepal und Bhutan, aber einige auch nach Europa und Nordamerika, womit die tibetanische Tradition des Buddhismus im Westen bekannter wurde.

1953 hatte Kambodscha seine Unabhängkeit von Frankreich errungen. 1975 fiel die Hauptstadt des Landes, Phnom Penh, den Roten Khmern – den Anhängern der „Kommunistischen Partei Kampucheas" – in die Hände. Während deren Terrorherrschaft wurde der Buddhismus systematisch demontiert: Buddhistische Tempel wurden niedergebrannt, Mönche ermordet und Bibliotheken zerstört. Nach 1979 unternahm das Land den Versuch, das buddhistische Erbe mit Spendenkampagnen und dem Wiederaufbau der *Wats* (Tempel) wiederherzustellen. 1989 wurde der Buddhismus als Staatsreligion anerkannt.

Heutzutage sind die meisten Schulen des Buddhismus im Westen vertreten. Neue buddhistische Organisationen wurden ins Leben gerufen, um auf die Bedürfnisse der westlichen Welt einzugehen. In Großbritannien ist etwa der Theraveda-Buddhismus stark vertreten, und es gibt Klöster und Bildungseinrichtungen, die sowohl auf Buddhisten aus Sri Lanka, Thailand und Myanmar als auch auf westliche Konvertiten zugeschnitten sind.

Auch japanische Mahayana-Schulen wie Zen, Reines-Land-Buddhismus oder Tendai-shū – ebenso wie die neueren Laienbewegungen Sōka Gakkai und Risshō Kōseikai – haben Ableger in der westlichen Welt. Als Reaktion auf die Schrecken des Vietnamkriegs versucht der Zen-Buddhist Thích Nhat Hanh (geb. 1926), buddhistische Lehren und Meditationspraktiken auf die Probleme des Leids und politischer, wirtschaftlicher und ökologischer Ungerechtigkeit anzuwenden. Die daraus entstandene Bewegung nennt sich „engagierter Buddhismus" und unterhält Meditationszentren in Asien und dem Westen. Engagierte Buddhisten glauben, dass Meditation und soziales Engagement Hand in Hand gehen müssen. Im traditionellen asiatischen Buddhismus war die Meditation noch mit dem Klosterleben verknüpft gewesen. Heutzutage ist die Meditation auch für Nichtgeistliche in Sri Lanka, Thailand, den USA und Europa ein wichtiger Teil des Lebens.

## BUDDHISMUS HEUTE

Karte 16

## Konfuzianismus

Der Konfuzianismus ist am bekanntesten für seine moralische und ethische Philosophie, vertreten von den Denkern Konfuzius (551–479 v. Chr.), Mengzi (371–ca. 289 v. Chr.), and Xunzi (ca. 298–23 v. Chr.). Obwohl der Konfuzianismus in die antike chinesische Religion des Gott des Himmels eingebettet war, galt sein Hauptaugenmerk der ethischen Bedeutung zwischenmenschlicher Beziehungen.

Steinerne Konfuzius-Statue aus einem chinesischen Tempel

Konfuzius selbst wird als großer Lehrer gewürdigt, dessen Lehren auf dem Gedanken der Menschlichkeit (*rén*) aufbauen. Dennoch betonte er deutlich, dass der Himmel ihn beschütze und ihm seine Botschaft übermittelt habe. Nur wenige Jahrhunderte nach Konfuzius' Tod waren seine Prinzipien zur Grundlage sozialer und politischer Strukturen in China geworden und sollten dies mehr als 2.000 Jahre lang bleiben.

Was bei Konfuzius noch eine eher unterschwellige religiöse Botschaft gewesen war, wurde bei Mengzi deutlicher herausgestellt. Mengzi lehrte, dass der „Weg des Himmels", die göttliche Ordnung des Kosmos, zur menschlichen Natur werden könne. Wenn die menschliche Natur richtig kultiviert und gepflegt werde, könne auch der gewöhnliche Mensch ein Weiser werden.

Der dritte Begründer des Konfuzianismus, Xunzi, ist für seine Lehre der rituellen Handlungen *(li)* bekannt. Er verkörpert die praktische Seite der konfuzianistischen Religion, die unter Beweis stellt, dass sachgemäßes rituelles Handeln die Macht hat, das menschliche, fehleranfällige Herz in das Herz eines „Weisen" zu verwandeln.

## Neo-Konfuzianismus

Die konfuzianische Mystik, insbesondere der spätere Neo-Konfuzianismus, weist pantheistische Züge auf, wie man an den buddhistisch und daoistisch beeinflussten Gedanken des Zhang Zai (1020–1077) erkennen kann. In seiner mystischen Weltsicht ist die gesamte Menschheit Teil seiner leiblichen Familie. Andere neo-konfuzianische Denker sind Zhu Xi (1130–1200) und Wang Yangming (1472–1529), deren Denkschulen jeweils „Die Lehre des Prinzips" (*lĭxué*) und „Die Lehre des Verstandes" (*xinxué*) genannt wurden. Beide befassten sich mit dem Erreichen von Weisheit, waren jedoch unterschiedlicher Meinung darüber, wie man dieses Ziel erreichen könne. Zhu Xi glaubte, dass man einen beschwerlichen Prozess der Selbstkultivierung und des ethisch korrekten Handelns durchlaufen müsse,

RUSSISCHE FÖDERATION
MONGOLEI
TIBET
CHINA
Lhasa
BHUTAN
MYANMAR
Irrawaddy
Bucht von Bengalen
LAOS
THAILAND
Bangkok
KAMBODSCHA
Phnom Penh
Mekong
VIETNAM
Hanoi
Andaman-See
Huang He
Jangtse
Xi Jiang
Goulou Shan
Heng Shan
Peking
Qian Shan
Tai Shan
Qufu
Konfuzius, geb. 551 v. Chr.
Mengzi, geb. um 371 v. Chr.
Gelber Fluss
Hua Shan
Taibai Shan
Chung Nan Shan
Sung Shan
Wu Tang Shan
Huo Shan
Mao Shan
Shanghai
Kuaji Shan
Tiantai Shan
Kuo Tsang Shan
Lu Shan
Longhu Shan
Xi Shan
Heng Shan
Wuyuan
Wuyi Shan
Zhu Xi, geb. 1130 n. Chr.
Tamsui
Sanshia
Taichung
TAIWAN
Tainan
NORD-KOREA
Pjöngjang
Seoul
SÜD-KOREA
Gelbes Meer
Ost-chinesische See
Japanisches Meer
JAPAN
Osaka
Tokyo
Pazifik
Südchinesische See
Philippinisches Meer
PHILIPPINEN
Manila
Georgetown
MALAYSIA
Kuala Lumpur
Malakka
Singapur
Bandar Labuan
Brunei
Miri
Sandakan
Sibu
Kapit
Kuching
Pontianak
BORNEO
Sulawesi-See
SUMATRA
INDONESIEN
Javasee
Meilen
0 250 500
0 250 500 750
Kilometer
Daoismus in der Gegenwart
Historisch daoistisch beeinflusst
Caodaoismus in der Gegenwart
Berg mit daoistischer Bedeutung
Wichtiger daoistischer Tempel

um das Ideal des rén zu erreichen. Bei Wang Yangming war jedoch eine „Erleuchtungserfahrung“ notwendig, um den eigenen Geist mit dem Geist des Dao zu vereinen und somit ein „Weiser“ zu werden. Sowohl Zhu als auch Wang strebten den genauen Moment an, in dem der menschliche Geist in den „Geist des Himmels“, einen Zustand der Vollkommenheit, verwandelt werden würde. Indem der Neo-Konfuzianismus eine neue Erklärung der konfuzianischen Vision lieferte, die sich gegen den Daoismus und Buddhismus behaupten konnte, hauchte er dem Konfuzianismus neues Leben ein.

### Daoismus

Das Dao, das Prinzip des metaphysisch, kosmischen Absoluten, scheint eine philosophische Abwandlung einer früheren, persönlichen Gottheit gewesen zu sein. Die Art und Weise, wie das Dao lehrt, führt zu einem Einssein mit sich selbst, einem Weg des Nicht-Handelns und der mystischen Kontemplation. Dies lehren die großen daoistischen Denker Laozi und Zhuāngzi, über deren Leben kaum etwas bekannt ist – wenn sie denn jemals gelebt haben.

Daoismus ist jedoch nicht nur passive Kontemplation. Die Texte Laozis und Zhuāngzi wurden von späteren, religiös gesinnten Denkern praktisch nutzbar gemacht. Ihr Ziel war es, das „Geheimnis des Himmels und der Erde“ zu stehlen, ihm das Mysterium des Lebens abzuringen und ihren Wunsch nach Unsterblichkeit (*xian*)

Die „Halle des Erntegebets“ im daoistischen Himmelstempel in Peking

zu erfüllen. Zu diesem Zweck führten sie die Anbetung persönlicher Gottheiten wieder ein, praktizierten das Gebet als Ritual, beschäftigten sich mit der Alchemie und versuchten ihr Ziel mit Hilfe von Yoga und Meditation zu erreichen.

Diese Entwicklung innerhalb des Daoismus wurde als „religiöser Daoismus“ bezeichnet, um sie von der klassischen Philosophie des Laozi und des Zhuāngzi zu unterscheiden. Die daoistische Religion entwickelte ihre eigene Tradition der Mystik, die Geschichten von unglaublichen Allheilmitteln, wundertätigen Unsterblichen, Levitationen und körperlichen Himmelfahrten umfasste. Mit Hilfe früher Texte begründeten die religiös gesinnten Daoisten langlebige Traditionen. Einige dieser Gruppen existieren noch heute und können ihre Wurzeln bis zu den daoistischen Bewegungen des späten 2. Jahrhunderts n. Chr. zurückverfolgen. Viele Aspekte der Religion, wie esoterische Lehren, orthodoxe Lehrer und ihre sozialen Strukturen, ähneln denen anderer großer religiöser Traditionen.

Ein Ziel, das alle Formen des Daoismus verfolgten, war die Freiheit; Freiheit von politischen und sozialen Zwängen, wie auch eine tiefgründige Suche nach der Unsterblichkeit – und die Suche nach dem Einssein mit dem Dao. Das schwer zu benennende Dao umfasst das Grundprinzip des Universums wie auch eine Grundstruktur des menschlichen Verhaltens, ist jedoch niemals eine personifizierte Gottheit.

Im Lauf der Geschichte haben die daoistischen Meister auf unterschiedlichen Wegen versucht, Teil des *zìrán*, des „Selbst-so“, dem Wesen, der Realität zu werden. Die daoistische Religion sieht das Leben als ein wunderschönes – und beängstigendes – Panorama der Veränderungen an. In ihren Berghütten und Seepavillons waren Daoisten Naturdichter.

## Synkretismus

Die großen chinesischen Religionen haben sich in ihrer Entwicklung immer gegenseitig beeinflusst. Sowohl der Daoismus als auch der Konfuzianismus weisen viele Anleihen vom Buddhismus auf; insbesondere die Daoisten erneuerten ihre religiösen Strukturen, gründeten Klöster und stellten kanonische heilige Texte nach buddhistischen Vorbildern zusammen.

Die Hoch-Zeit der gegenseitigen religiösen Beeinflussung in China fand während der Ming-Dynastie (1369–1644) statt. Denker wie Lin Chao-en (1517–1598) bemühten sich darum, die drei großen Religionen miteinander in Harmonie zu bringen, und erklärten sie dabei sogar zu einer einzigen Religion. Lin vereinte die besten Eigenschaften der daoistischen und buddhistischen Meditation mit dem konfuzianischen Sinn für das Allgemeinwohl in einer einzigartigen chinesischen Kombination, die man auch noch heute in China findet. Die meisten religiösen Chinesen praktizieren eine Mischung aus allen drei großen Religionen. Dieser chinesische Synkretismus war derart erfolgreich darin, die unterschiedlichen Traditionen zu vermischen, dass heutzutage nur wenige Menschen in China es ungewöhnlich finden, gleichzeitig Buddhist, Daoist und Konfuzianist zu sein.

# Teil 4

# Judentum

# Ursprung des jüdischen Volkes

**In der Geschichte des Alten Testaments hatte Abrahams Enkel Jakob („Israel“) zwölf Söhne – die ursprünglichen „Kinder Israels“. Diese Vorfahren der zwölf Stämme Israels verbrachten ihre letzten Jahre nicht in Kanaan, dem Gelobten Land, sondern flohen vor einer Hungersnot nach Ägypten.**

Jakobs Sohn Josef wurde in Ägypten zu einem hochrangigen Verwalter ernannt und starb dort. Danach „kam ein neuer König auf in Ägypten, der wusste nichts von Josef“ (Ex 1,8), woraufhin die Ägypter begannen, die Israeliten als Sklaven zu halten.

Ein Israelit namens Mose, der am ägyptischen Königshof aufgewachsen war, musste um sein Leben fliehen und gelangte so auf die Sinai-Halbinsel. In der Nähe des Berges Sinai sprach Gott aus einem brennenden Dornbusch zu ihm und gab ihm den Auftrag, das Volk Israel zu retten und ins gelobte Land zu führen. Zudem sollte er vor den Pharao treten und die Freilassung seines Volkes fordern.

Der Pharao lehnte seine Forderungen ab. Erst nachdem zehn schreckliche Plagen über das Land hereingebrochen waren, willigte er doch ein. Der Weg, den die Israeliten danach einschlugen, ist umstritten. Laut Überlieferung ging die Reise von Ramses nach Sukkot, dann zum Roten Meer (dem „Schilfmeer“) und anschließend südöstlich zum Berg Sinai. Die Orte, die die Israeliten auf der Reise ansteuerten, sind ebenfalls ungewiss. Traditionell wurde der Berg mit dem Dschebel Musa gleichgesetzt; einige Forscher vermuten jedoch, dass es sich um den Dschebel Helal im nördlichen Sinai handelte. In diesem Fall hätten die Israeliten den Weg über Be'er Scheva nach Schur genommen. Die Hebräer brauchten etwa drei Monate, um den Berg Sinai zu erreichen, wo sie fast ein Jahr lang lagerten. Hier übergab Gott dem Volk Israel sein Gesetz, die Zehn Gebote. Die Israeliten erhielten auch eine Bauanleitung für die Stiftshütte, ein heiliges Zelt im Zentrum eines großen Vorhofs. Die Stiftshütte wurde zum Jahrestag der Flucht aus Ägypten zum erste Mal errichtet. Kurze Zeit später wurde sie abgebaut, und die Israeliten ließen den Sinai hinter sich.

Zwischen dem Auszug aus Ägypten und dem Einzug nach Kanaan vergingen 40 Jahre, von denen das Volk viele Jahre an der Oase von Kadesch-Barnea in der Wüste Zin lagerte. Die Kinder Israels reisten jedoch wieder gen Süden Richtung Sinai, dann nach Norden und Osten durch das felsige Land der Edomiter, südlich des Toten Meeres. Von dort aus hätten sie der Königsstraße folgen können, aber die Edomiter blockierten den Weg, sodass das Volk das Gebiet umgehen musste. Im Norden versperrten die Amoriter den Weg, konnten jedoch in einer Schlacht besiegt werden. Auch die Versuche des Königs von Moab, Israel zu zerstören, wurden erfolgreich abgewehrt.

Israel lagerte danach auf der Ebene von Moab, in der Nähe des Jordan. Dort sprach Mose ein letztes Mal zu seinem Volk, bevor er am Berg Nebo (oder auch Pisga) starb.

Überlieferte Route des Auszugs
Alternative Route der Israeliten
Feindliche Festung
Pyramide
Berg
(Handels-)straße
Meilen 0 20 40
0 20 40 60 Kilometer
Akkon
MITTEL-MEER
KANAAN
Jordan
AMMON
Jericho
Hesbon
Tod des Mose (Deuteronomium 34)
Nebo
Aschdod
Gaza
Hebron
TOTES MEER
Dibon
Arad
Arnon
Be'er Scheva
MOAB
NILDELTA
Zoan (Tanis)
Pelusium
Meeresstraße (Via Maris)
(Wadi al Arisch) Strom von Ägypten
Israeliten ziehen aus Ägypten aus (Exodus 12)
Ra'amses (Avaris)
Goschen
Sukkot
Pithom
Pi-Beseth (Bubastis)
Weg nach Schur
Dschebel Helal
Wüste Zin
Kadesch-Barnea
Moses schickt 12 Kundschafter nach Kanaan (Numeri 13)
Punon
ÄGYPTEN
Wüste Schur
Bitter-seen
On (Heliopolis)
Königsstraße
Noph (Memphis)
Wüste Paran
Bitteres Trinkwasser (Exodus 15)
Ezion-Geber
Mara?
Elim?
Sinai-Halbinsel
Nil
Golf von Sues
Hazerot?
Kibrot-Hattaawa?
Alusch ?
Refidim ?
Tabera?
Golf von Akaba
MIDIAN
Kampf mit den Amalekitern (Exodus 17-18)
Sinai (Dschebel Musa, Horeb)
Moses nimmt die Zehn Gebote entgegen (Exodus 19-20)
ROTES MEER

# Das Königreich Israel

**Nach der Landnahme Kanaans wurden die Israeliten von einer Reihe militärischer Anführer regiert, die im Alten Testament „Richter" genannt werden. Der größte unter ihnen war der Prophet Samuel.**

Jedoch legte Samuel nur wenig militärisches Können an den Tag. Während seiner Herrschaft fiel die heilige Bundeslade – die Truhe aus der Stiftshütte, die die geheiligten Steintafeln mit den Zehn Geboten enthielt – dem benachbarten Volk der Philister in die Hände.

Als Samuel alt wurde, ernannte er seine Söhne zu Richtern, die jedoch Bestechungsgelder annahmen und das Recht mit Füßen traten. Da die benachbarten Staaten bereits Königreiche waren, glaubte man, dass Israels militärische Niederlagen auf die fehlende Führungsqualität und den fehlenden Zusammenhalt zurückgeführt werden konnten. Die Ältesten des Volkes verlangten, dass Samuel einen König ernenne, der die Regierungsgewalt übernehmen solle.

## Saul

Die Herrschaft des ersten israelitischen Königs begann vielversprechend. Saul war jung, stattlich, reich und beliebt. Er führte Israel erfolgreich gegen die Ammoniter und konnte durch eine Reihe von Angriffen auf die Feldlager der Philister einige Siege gegen den großen Feind des Volkes erringen. Mit der Unterstützung seines Sohnes Jonathan konnte er einen wichtigen Sieg bei Michmas erringen.

Erfolgreiche Kriegszüge zur Erweiterung des Königreichs im Süden ebneten den Weg für Sauls Nachfolger David. Der Wendepunkt in Sauls Herrschaft kam mit seinem Neid auf David, der in einem Mordversuch an diesem gipfelte. Saul und Jonathan starben in der Schlacht bei Gilboa, in der Israel von den Philistern geschlagen wurde.

## David

David wurde bereits zu Sauls Lebzeiten zum Thronerben gesalbt, verbrachte die letzten Jahre von Sauls Herrschaft jedoch auf der Flucht vor dem König. Seine eigene Herrschaft nahm in der Stadt Hebron ihren Anfang. Später verlegte er seinen Regierungssitz in das von den Jebusitern eroberte Jebus, das er in Jerusalem umbenannte. Dorthin wurde auch die Bundeslade gebracht.

Mit der Eroberung Jerusalems war die israelitische Eroberung Kanaans abgeschlossen. Nachdem er sich selbst einen Palast hatte bauen lassen, war David bestrebt, ein Haus – einen Tempel – für Gott zu erbauen. Jedoch wurde ihm dies von einem Propheten untersagt, welcher David mitteilte, dass dessen Sohn den Tempel würde bauen dürfen.

David begann, sein Königreich zu konsolidieren: Er vereinte das Volk, brach die Macht der Philister und dehnte die Grenzens des Reichs in die Gebiete der Edomiter, Ammoniter, Moabiter und die Stämme Arams hinein aus. Er erweiterte das Staatsgebiet um Länder in Dan im Norden und am „Strom von Ägypten" im Süden; sein Königreich erstreckte sich somit vom Eufrat im Norden bis nach Ezion-Geber am Golf von Akaba im Süden. Edom, Moab, Ammon und Aram wurden zu tributpflichtigenVasallenstaaten.

## Salomo

Zum Zeitpunkt seines Todes, um 970 v. Chr. hinterließ David seinem Sohn Salomo ein Reich, das 50 Jahre zuvor noch unvorstellbar gewesen wäre – und dessen Ausmaß man unter isrealitischer Herrschaft nie wiedersehen sollte. In der Hauptstadt Jerusalem errichtete Salomo einen Tempel, hinter dessen Toren ein komplexes System aus Tieropfern praktiziert wurde.

## DIE KÖNIGREICHE SAULS, DAVIDS UND SALOMOS Karte 19

# Die Zerstreuung

**Die Geschichte der frühen Entwicklung des Judentums ist sehr umstritten. Die Erzählung, die auf den biblischen Büchern Esra und Nehemia beruht, war wichtig für die Entwicklung des jüdischen Selbstverständnisses, basiert jedoch nicht unbedingt auf der historischen Realität.**

Im Jahr 586 v. Chr. zerstörte König Nebukadnezar II., der König des neubabylonischen Reiches, Jerusalem und nahm viele der Einwohner als Gefangene mit nach Babylon, wie auch einen Großteil der Bevölkerung Judas.

Damit gab es in Babylon eine Gemeinschaft von Menschen, die sich selbst als Judäer, oder Juden, verstanden. Sie glaubten daran, dass es einen einzigen Tempel in Jerusalem geben sollte, an dem religiöse Opfer dargebracht werden durften. Um das Brauchtum der Vergangenheit zu erhalten, wurden Versammlungshäuser (altgriech. „Synagoge“) in Babylon eröffnet, in denen gebetet, gesungen, gelehrt und über die Tora diskutiert wurde. In dieser Zeit traten die ersten Schriftgelehrten auf. Ihre Rolle in der Synagoge war das Studium und die Auslegung der Tora auf zeitgemäße Fragestellungen hin. Diese „Gilde der Gelehrten“ scheint sich später in die Rabbiner des rabbinischen Judentums entwickelt zu haben.

539 eroberte die Armee des Kyros II. („der Große“) Babylon. Laut dem Buch Esra erlaubte er den Juden, zurückzukehren und ihren Tempel in Jerusalem wieder aufzubauen. Mit der Rückkehr der religiösen Führung und dem Wiederaufbau des Tempels scheint die Stadt Jerusalem sich zu einer Tempelgemeinschaft unter der Führung der Priester entwickelt zu haben.

## DIE JÜDISCHEN EXILANTEN

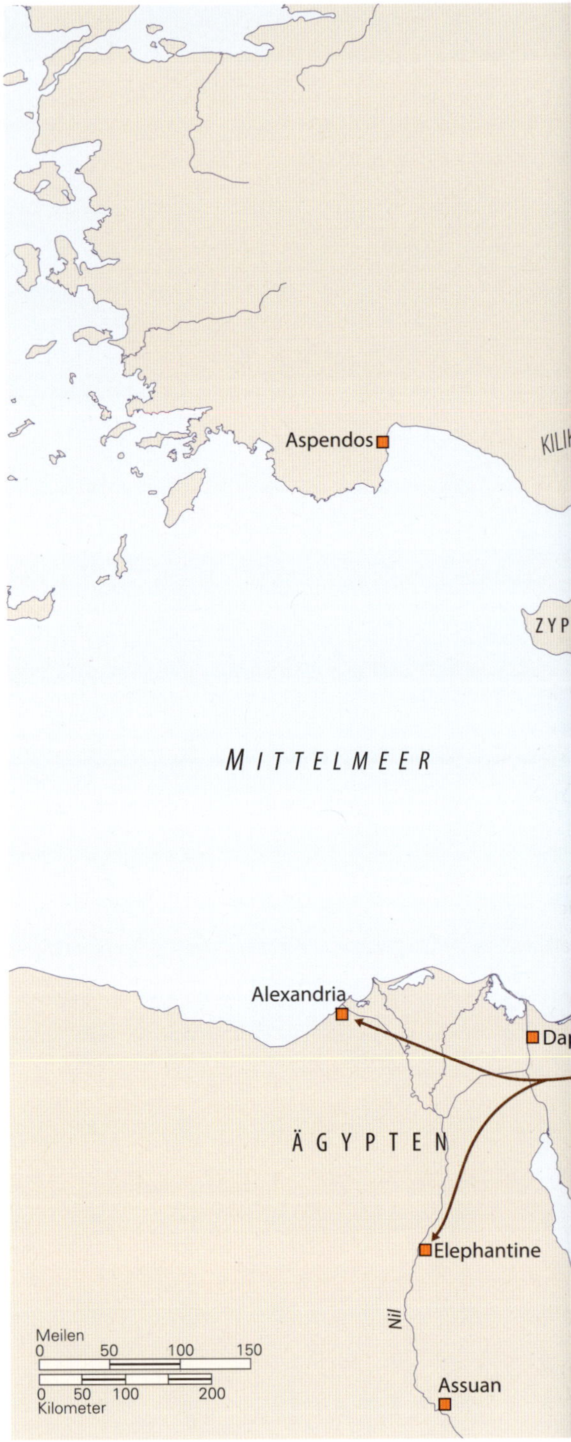

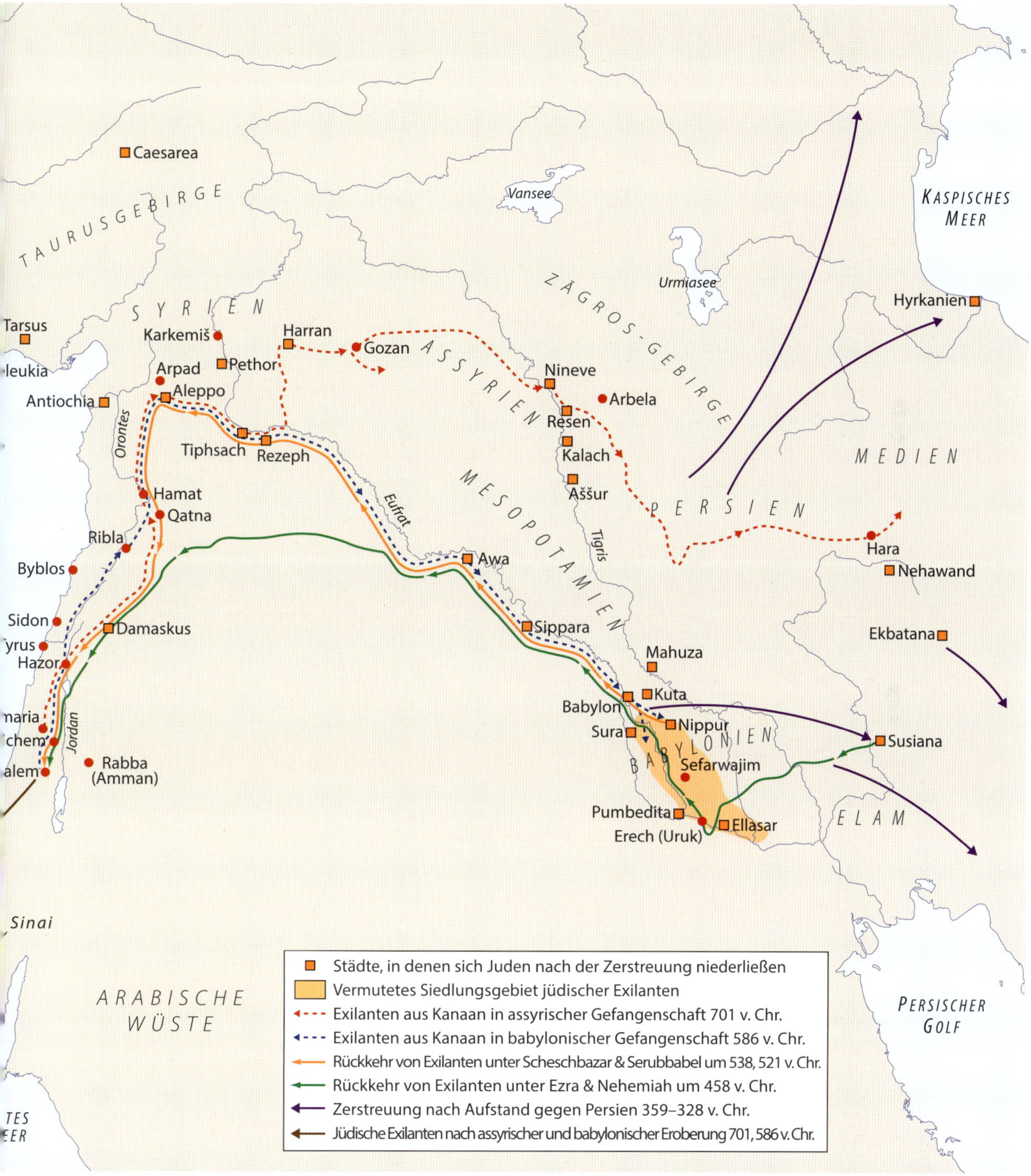
Caesarea
TAURUSGEBIRGE
Vansee
KASPISCHES MEER
ZAGROS-GEBIRGE
Urmiasee
SYRIEN
Hyrkanien
Tarsus
Karkemiš
Harran
Gozan
ASSYRIEN
leukia
Arpad
Pethor
Nineve
Aleppo
Arbela
Antiochia
Orontes
Resen
Tiphsach
Rezeph
Kalach
MEDIEN
MESOPOTAMIEN
Eufrat
Aššur
Hamat
PERSIEN
Qatna
Tigris
Ribla
Hara
Awa
Byblos
Nehawand
Sidon
Damaskus
Sippara
Ekbatana
yrus
Mahuza
Hazor
Kuta
Babylon
maria
Nippur
Sura
chem
Jordan
BABYLONIEN
Susiana
Rabba (Amman)
Sefarwajim
alem
Pumbedita
ELAM
Erech (Uruk)
Ellasar
Sinai
ARABISCHE WÜSTE
PERSISCHER GOLF
TES EER
Städte, in denen sich Juden nach der Zerstreuung niederließen
Vermutetes Siedlungsgebiet jüdischer Exilanten
Exilanten aus Kanaan in assyrischer Gefangenschaft 701 v. Chr.
Exilanten aus Kanaan in babylonischer Gefangenschaft 586 v. Chr.
Rückkehr von Exilanten unter Scheschbazar & Serubbabel um 538, 521 v. Chr.
Rückkehr von Exilanten unter Ezra & Nehemiah um 458 v. Chr.
Zerstreuung nach Aufstand gegen Persien 359–328 v. Chr.
Jüdische Exilanten nach assyrischer und babylonischer Eroberung 701, 586 v. Chr.

## DIE JÜDISCHE DIASPORA UM 400 N. CHR.

Karte 21

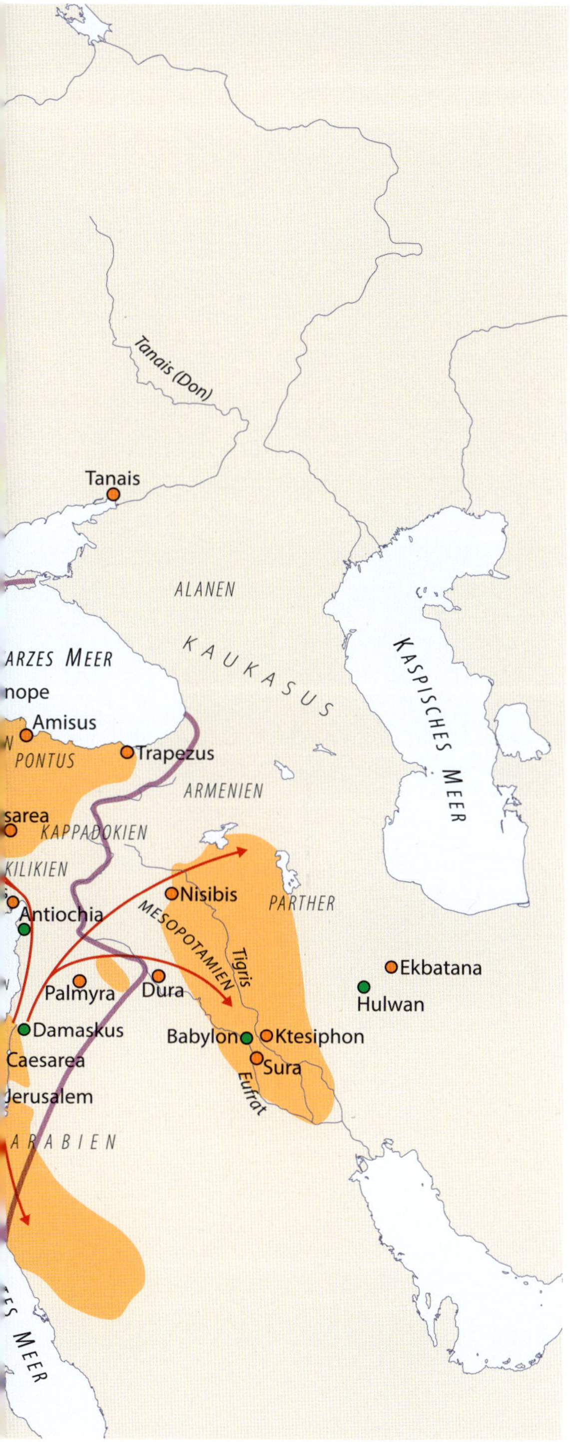


# Die jüdische Diaspora

**Die Zerstreuung des jüdischen Volkes (die „Diaspora") begann im 6. Jahrhundert v. Chr. mit der Entscheidung vieler Juden in Babylon zu verbleiben, in das sie verschleppt worden waren. Ab diesem Zeitpunkt enstanden jüdische Diaspora-Gemeinschaften im gesamten Mittelmeerraum. Das Zentrum des religiösen Brauchtums jeder Gruppe war die örtliche Synagoge.**

Während des römischen Zeitalters entstand im jüdischen Volk die Hoffnung auf einen Messias, der sein Volk vor den römischen Besatzern retten und den judäischen Staat wiederherstellen würde. 66 n. Chr. kam es zu einem jüdischen Aufstand gegen das Römische Reich. Die Römer fügten den Aufständischen eine vernichtende Niederlage zu, indem sie Jerusalem wieder einnahmen und 70. n. Chr. den Tempel zerstörten. Dieser Akt läutete das Ende Jerusalems als Pilgerzentrum und Herz der jüdischen Kultur ein. Galiläa wurde zum kulturellen Zentrum des Judentums. Bei Jawne (gräzisiert „Jamnia") gründete der Gelehrte Jochanan ben Sakkai eine Schule, in der die Bezeichnung „Rabbi" zum formellen Titel für die Lehrenden der Einrichtung wurde. Die Schule übernahm schon bald die Rolle des jüdischen Rates und führte die Diskussionen über die Bedeutung des jüdischen Gesetzes an. Sie hat eine zentrale Rolle bei der Entstehung des rabbinischen Judentums gespielt, das auf dem Gedanken fußt, dass Mose, als der erste Rabbi, auf dem Berg Sinai von Gott das geschriebene Gesetz (die Tora bzw. den Pentateuch) und eine mündliche Erklärung (die mündliche Tora) erhielt. Die jüdische Gemeinschaft in Ägypten war beständiger, aber die griechische Kultur – und das hellenistische Judentum – war im Niedergang begriffen. In Babylon wurden die Juden der Diaspora von einem „Exilarch" angeführt. Der Titel war staatlich anerkannt und konnte von einem Oberhaupt an seine Nachfahren vererbt werden. Die Konvertierung des römischen Kaisers Konstantin 313 n. Chr. stellte keine glückliche Wendung für das Judentum dar. Obwohl das Judentum nie offiziell verboten wurde, wurde das Leben für Juden danach sehr viel schwerer.

# Judentum und Islam

**Im 7. und 8. Jahrhundert n. Chr. breitete sich der Islam mit außergewöhnlicher Geschwindigkeit aus. 634 eroberten die muslimischen Armeen Syrien und Palästina, besiegten die Perser 637 und nahmen kurz darauf Ägypten ein. 711 fielen sie in Spanien ein und errichteten dort einen muslimischen Staat. Innerhalb eines Jahrhunderts waren viele Juden auf einmal unter muslimischer Herrschaft.**

Für die meisten Juden verbesserten sich die Lebensumstände. Sie wurden Teil des intellektuellen Umbruchs in der arabischen Welt. Die arabischen Gelehrten übersetzten und studierten Werke aus Griechenland, Persien, China und Indien. Auf der Grundlage dieser Ressourcen konnten muslimische und jüdische Gelehrte große Fortschritte in den Bereichen Mathematik, Astronomie, Philosophie, Chemie, Medizin und Philologie machen. Einer der größten jüdischen Philosophen, Saadia ben Joseph Gaon (882–942), beschäftigte sich intensiv mit Glaube und Wissen sowie mit dem Thema Gottesbeweise.

## Babylonien

In Babylon nahmen der Einfluss und die Autorität der Geonim (ein Gaon war das Oberhaupt der jüdischen Akademien in Babylonien) nach 600 n. Chr. zu. Die Geonim stellten sicher, dass der Babylonische Talmud, der alle religiösen Schriften umfasste, die zwischen dem 3. und 5. Jahrhundert n. Chr. in babylonischen Akademien gesammelt wurden, sich durchsetzte.

Im 9. Jahrhundert wurde ein Gaonat in Palästina eingerichtet, dass von Juden in Spanien, Ägypten und Italien als Lehrautorität akzeptiert wurde. Unter der Ägide der Geonim wurden talmudische Gesetze gesammelt, Synagogendichtung verfasst, Gebetsbücher geschrieben und Texte der Schrift festgelegt und kommentiert. Die wichtigsten Schriften dieser Zeit waren die sogenannte Responsen (hebr.: *She'elot ve-Teshuvot* – Fragen und Antworten): Jüdische Gemeinden schickten Fragen zu religiösen Angelegenheiten an die Geonim, die die Themen anschließend in ihren Akademien diskutierten und Antworten verfassten. Mit der Zeit entstanden auch Ableger

**DIE JUDEN UND DER ISLAM UM 750 N. CHR.**

des rabbinischen Judentums. Anan ben David (um 715 – um 795) und die Bewegung der Karäer, an deren Gründung er möglicherweise beteiligt war, lehnten alle Formen der mündlichen Tora ab und akzeptierten allein die Schrift. Es schien, als würden die Karäer die jüdische Welt spalten, jedoch verlor die Bewegung schnell Anhänger, bis sie nur noch eine kleine Sekte war. Eine Handvoll Karäer existieren noch heute.

# Antisemitismus und Messianismus

**Ab dem 10. Jahrhundert häuften sich antijüdisches Gedankengut und Gewalt gegen Juden sowie Lügen über jüdische Praktiken. 1290 wurden die Juden aus England verbannt, 1306 aus Frankreich und 1492 aus Spanien.**

Während des 16. und 17. Jahrhunderts wuchs das Osmanische Reich und weitete seinen Einfluss nach Europa aus, bis der Vormarsch 1683 vor den Toren Wiens aufgehalten wurde. In dieser Epoche lebten die meisten Juden entweder im christlichen Polen-Litauen oder auf dem Gebiet des Osmanischen Reichs, wo die Lebensbedingungen geringfügig besser waren, sie aber dennoch der Willkür der Herrscher ausgesetzt waren. Besonders harte Sanktionen mussten Juden im christlichen Italien über sich ergehen lassen. Ab dem 17. Jahrhundert zogen viele Juden aus Polen und dem Osmanischen Reich in die Städte des Westens, in denen man langsam begann, den Wert jüdischer Wirtschaftsaktivitäten schätzen zu lernen. Die Reformatoren des Protestantismus waren den Juden im Allgemeinen freundlich gesonnen, jedoch änderte Martin Luther seine Einstellung im Lauf der Zeit: von Toleranz zu anti-jüdischen Parolen. Der Ritus der nicht-sephardischen Juden (der Aschkenasim) in Europa, vor allem in Deutschland, entstammt diesem 16. Jahrhundert. Die Aschkenasim hatten auch ihren eigene deutsch-hebräische Sprache, das Jiddisch. Zwar kam es immer wieder zu antijüdischen Ausschreitungen, jedoch geschah es nun auch häufiger, dass Juden staatlichen Schutz bekamen, da man ihre Rolle im Handel und Geldverleih als nützlich ansah. In der Ukraine und Polen wurden viele Juden 1648 und 1649 bei Massakern getötet. Im späten 17. Jahrhundert entstanden mehrere jüdisch-messianische Bewegungen. Die wichtigste unter ihnen war die des Schabbtai Zvi (1628–1716). Die jüdische Gemeinschaft begegnete den Anhängern des Schabbtai Zvi jedoch mit Argwohn. Letztendlich endete die Bewegung in einer Enttäuschung messianischer Erwartungen. In England waren die Juden zwar 1290 ausgewiesen worden, kehrten 1656 unter Cromwell langsam wieder zurück.

OSTSEE
Biržai (Birsen)
Wilna (Vilnius)
Königsberg
Hamburg
PREUSSEN
Grodno
Trakai
Minsk
POLEN
Sluzk
RUSSLAND
Amsterdam
Berlin
Posen
Brest-Litowsk
Pinsk
Warschau
Don
Dresden
Lublin
Köln
Breslau
Wolodimir
Kiew
Rhein
Frankfurt
Prag
Lwiw
Luzk
Ostrog
Krakau
Deraschne
Dnjepr
Donau
Nickelsburg
Galitsch
Augsburg
Straßburg
Wien
München
Budapest
ÖSTERREICH
UNGARN
Padua
Pavia
Venedig
Cremona
Mantua
Bukarest
Belgrad
Rhône
Livorno
SCHWARZES MEER
ITALIEN
Sofia
Ulcinj
Edirne
Rom
OSMANISCHES REICH
Konstantinopel
Saloniki
Neapel
Smyrna (Izmir)
MITTELMEER
Eufrat
Safed
Jerusalem
Kairo
AFRIKA
ÄGYPTEN
Nil
ROTES MEER
100 200 300 400 500
300 500 700

# Jüdische Emanzipation

**Die Werke des deutsch-jüdischen Philosophen Moses Mendelssohn (1729–1786) legten die Grundlage für eine jüdische Aufklärungsbewegung, die *Haskala*, deren Ziel es war, zeitgenössisches europäisches Gedankengut in die jüdische Gemeinschaft einzubringen.**

1781 führte der Kaiser des Heiligen Römischen Reichs, Joseph II. ein Toleranzedikt ein. 1789 erklärte die französische Revolutions-Nationalversammlung, dass keine religiöse Meinung unterdrückt werden dürfe. 1806 berief Napoleon sogar eine Versammlung angesehener Juden, den „Großen Sanhedrin", ein. Diese progressiven Entwicklungsschritte wurden nach den Napoleonischen Kriegen zwar größtenteils wieder rückgängig gemacht, jedoch ging die Entwicklung zu mehr Rechten für Juden weiter. Bis zum Jahr 1871 waren alle Einschränkungen für Juden in Deutschland verschwunden, und sie wurden zu vollwertigen Staatsbürgern des frisch geeinten deutschen Reichs erklärt. In den skandinavischen Ländern gab es vergleichsweise wenig Juden, jedoch war auch dort die jüdische Emanzipation erfolgreich: 1848 in Dänemark, 1851 in Norwegen und 1865 in Schweden. Die Niederlande waren schon immer toleranter gewesen, weshalb dort gleiche Rechte für Juden schon früh eingeführt worden waren. Auch Großbritanniens Toleranzgeschichte reichte weiter zurück. Während des 19. Jahrhunderts konnte die jüdische Gemeinschaft dort wirtschaftlichen Erfolg und zivilrechtliche Anerkennung genießen. Jedoch dauerte es noch bis 1890, bis die volle Gleichberechtigung in Kraft trat. In Österreich-Ungarn geschah dies bereits 1867. Nur in Osteuropa verlief das Leben weiter nach dem Muster der vorangegangenen Jahrhunderte. In Russland erhielten Juden erst 1917, nach der Oktoberrevolution und dem Ersten Weltkrieg, die volle Staatsbürgerschaft.

Die Emanzipation führte auch zur Assimiliation – und gelegentlich zum kulturellen Verschwinden der jüdischen Identität –, wenn Juden etwa durch eine Heirat in das kulturelle Umfeld ihrer Ehepartner assimiliert wurden. Paradoxerweise entwickelte sich mit zunehmender Toleranz auch eine Form des Antisemitismus, die auf pseudowissenschaftlichen Erkenntnissen über Rassenstereotypen aufbaute. Ab den 1880er-Jahren unterstützten Männer wie Wilhelm Marr (1819–1904) antisemitische Bewegungen in Deutschland und Frankreich. Marr war es, der den Begriff „Antisemitismus" münzte und auf den rassischen Unterschied zwischen Juden und Deutschen pochte.

Innenansicht der 1675 eröffneten Portugiesischen Synogage Amsterdams, auch *Esnoga* oder *Snoge* genannt.

## DIE JÜDISCHE EMANZIPATION 1789–1918 Karte 24

# Judentum in den USA

**Zu Beginn des 19. Jahrhunderts lebten viele osteuropäische Juden in ländlichen Regionen in sogenannten *Schtetls:* traditionsliebende, eingeschworene Dorfgemeinschaften, abgeschirmt von der säkularen Welt. Mit der Auswanderung vieler Juden in die Vereinigten Staaten – anfänglich aufgrund wirtschaftlicher und sozialer Chancen – änderte sich diese Haltung: Orthodoxe Führungspersönlichkeiten wie Rabbi Samson Hirsch (1808–1888) ermutigten ihre Landsleute dazu, sich mehr in die Kultur der westlichen Welt zu integrieren.**

Die Ursprünge des Reformjudentums finden sich im Deutschland des 18. Jahrhunderts. Die Bewegung betonte vor allem Vernunft und Fortschritt. Abraham Geiger (1810–1874) und andere Vertreter proklamierten, dass moderne Juden die Tora nicht länger als die offenbarte Wahrheit akzeptieren könnten, und plädierten für Veränderungen in den Ritualgesetzen und der Gottesdienstpraxis. Infolgedessen wurden Speisegebote aufgegeben, Gebete aus dem Hebräischen in die alltägliche Landessprache übersetzt und der Synagogengottesdienst angepasst. Einige Juden begannen sogar, ihren Gottesdienst am Sonntag und nicht am Sabbat zu feiern.

In den USA war Isaac Wise (1819–1900) einer der führenden Reformer des liberalen Judentums. 1875 gründete er das *Hebrew Union College* in Cincinnati in Ohio, das sich zur Ausbildungsstätte für Rabbiner des Reformjudentums entwickelte.

## DIE URSPRÜNGE DES JUDENTUMS IN DEN USA

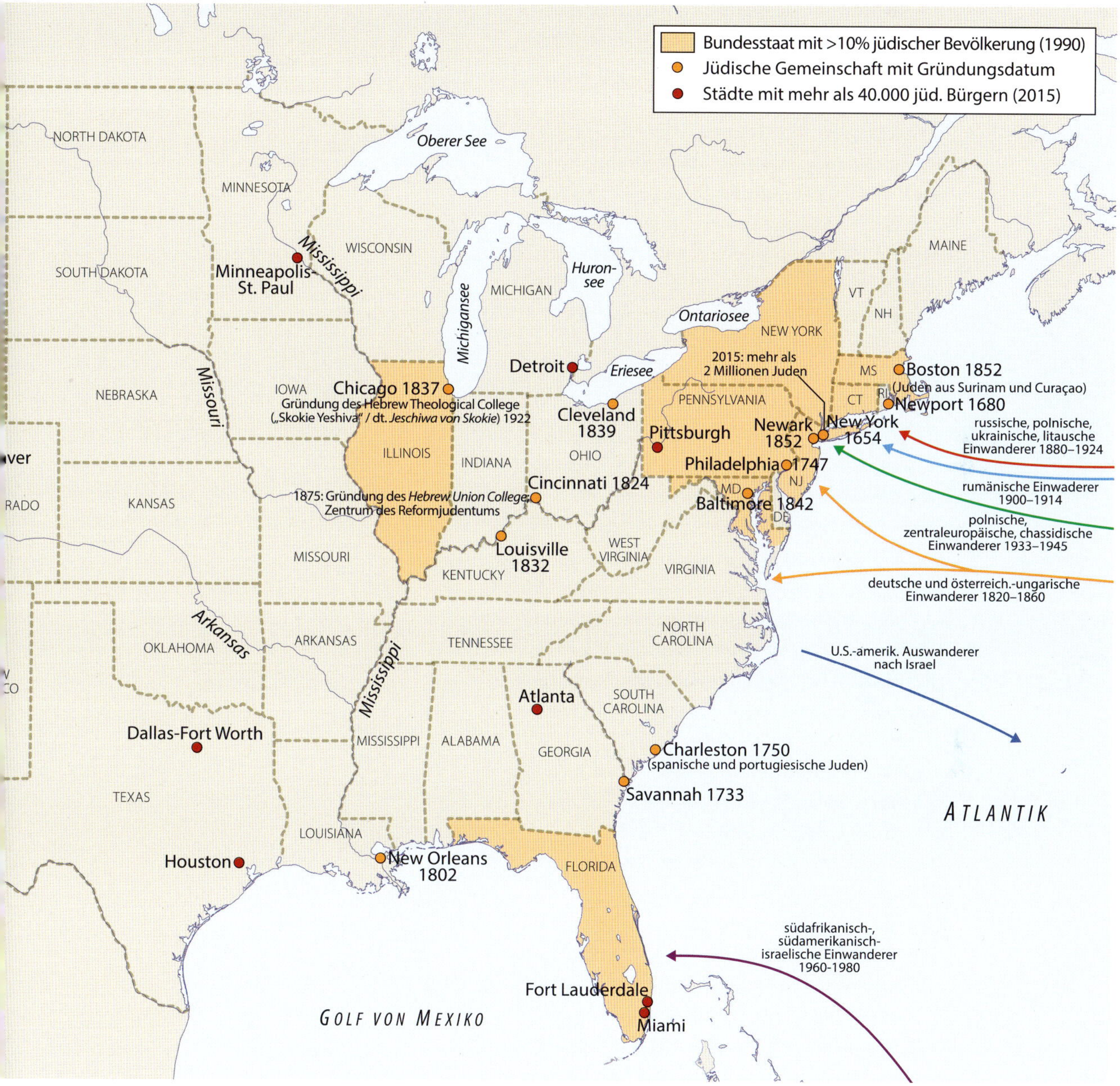
Bundesstaat mit >10% jüdischer Bevölkerung (1990)
Jüdische Gemeinschaft mit Gründungsdatum
Städte mit mehr als 40.000 jüd. Bürgern (2015)
NORTH DAKOTA
MINNESOTA
Oberer See
SOUTH DAKOTA
WISCONSIN
Mississippi
Minneapolis-St. Paul
Michigansee
MICHIGAN
Huron-see
MAINE
VT
NH
Ontariosee
NEW YORK
2015: mehr als 2 Millionen Juden
MS
Boston 1852
(Juden aus Surinam und Curaçao)
CT
RI
Newport 1680
NEBRASKA
Missouri
IOWA
Chicago 1837
Gründung des Hebrew Theological College („Skokie Yeshiva" / dt. Jeschiwa von Skokie) 1922
Detroit
Eriesee
Cleveland 1839
PENNSYLVANIA
Pittsburgh
Newark 1852
New York 1654
russische, polnische, ukrainische, litausche Einwanderer 1880–1924
ILLINOIS
INDIANA
OHIO
Philadelphia 1747
NJ
Cincinnati 1824
rumänische Einwaderer 1900–1914
KANSAS
1875: Gründung des Hebrew Union College; Zentrum des Reformjudentums
MD
Baltimore 1842
DE
polnische, zentraleuropäische, chassidische Einwanderer 1933–1945
Louisville 1832
MISSOURI
KENTUCKY
WEST VIRGINIA
VIRGINIA
deutsche und österreich.-ungarische Einwanderer 1820–1860
NORTH CAROLINA
Arkansas
OKLAHOMA
ARKANSAS
TENNESSEE
U.S.-amerik. Auswanderer nach Israel
Mississippi
Atlanta
SOUTH CAROLINA
Dallas-Fort Worth
MISSISSIPPI
ALABAMA
GEORGIA
Charleston 1750 (spanische und portugiesische Juden)
Savannah 1733
TEXAS
ATLANTIK
LOUISIANA
Houston
New Orleans 1802
FLORIDA
südafrikanisch-, südamerikanisch-israelische Einwanderer 1960-1980
Fort Lauderdale
Miami
GOLF VON MEXIKO

# Der Holocaust

**1933 wurde Adolf Hitler (1889–1945), Parteivorsitzender der NSDAP, inmitten der Turbulenzen der Weltwirtschaftskrise zum Reichskanzler ernannt. Nachdem sie so die Regierungsgewalt übernommen hatten, setzten die Nationalsozialisten die Verfassung außer Kraft, schalteten andere politische Parteien aus, erklärten Streiks für rechtswidrig und inszenierten Bücherverbrennungen. 1934 wurden die Aufgabenbereiche von Hitlers Elite-Leibgarde, der Schutzstaffel (SS), unter der Aufsicht Heinrich Himmlers (1900–1945) erweitert. Die SS übernahm viele polizeiliche Aufgaben wie auch den Betrieb der Konzentrationslager.**

Jüdische Akademiker und Fachkräfte verloren ihre Arbeitsstellen, jüdische Läden wurden boykottiert und Juden allgemein vom gesellschaftlichen Leben ausgeschlossen. 1935 verloren Juden im Zuge der Nürnberger Gesetze ihre Staatsbürgerschaft. Zeitgleich wurden sexuelle Beziehungen zwischen Juden und Nichtjuden strafbar gemacht. 1938 wurden jüdische kommunale Einrichtungen der Kontrolle der Geheimen Staatspolizei, der Gestapo, unterstellt. Am 9. November desselben Jahres kam es zur Reichspogromnacht (oft als „Reichskristallnacht“ bezeichnet), einem landesweit organisierten Angriff auf die jüdische Bevölkerung, bei dem Menschen ermordet, Häuser geplündert und Wohnungen, Läden und Schulen in Brand gesteckt wurden. Auch 250 Synagogen fielen den Ereignissen zum Opfer.

Mit dem Einmarsch in Polen (1939) und dem Beginn des Zweiten Weltkriegs verschärfte sich die Lage für die Juden in Deutschland weiter: Sie wurden gezwungen, ihren Schmuck abzuliefern, Geröll und Schutt wegzuräumen, schwere Lasten zu tragen, sowie Böden und Toiletten mit ihren Gebetsschals zu reinigen. Mit dem Russlandfeldzug 1941 begannen die Nationalsozialisten mit der Durchführung der von ihnen euphemistisch betitelten Maßnahme „Endlösung der Judenfrage“ – der Ausrottung der Juden in Europa. Auf Hitlers Befehl hin fingen mobile Truppen, die sog. Einsatzgruppen, unter der Führung Reinhard Heydrichs (1904–1942) an, systematisch Juden in Russland und Osteuropa zu er-

## DAS JUDENTUM IM DRITTEN REICH

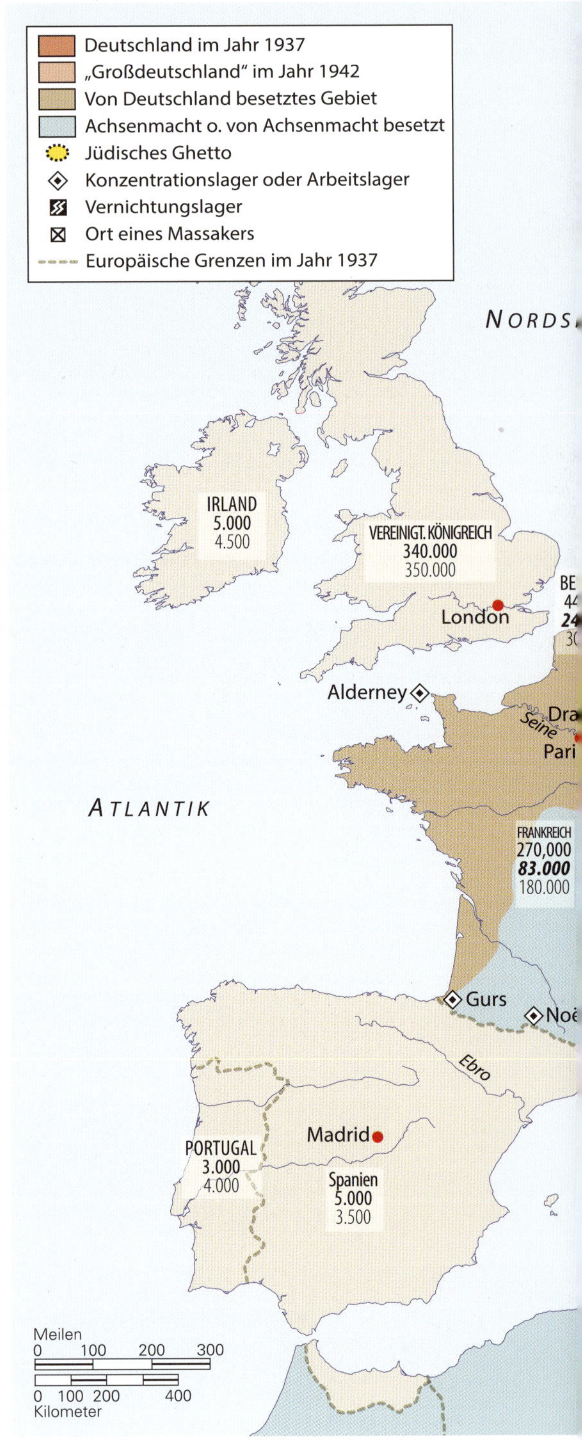

POLEN Land
365.000 Jüd. Bevölkerung vor dem Krieg
125.000 Anzahl ermordeter Juden (~)
85.000 Jüd. Bevölkerung nach dem Krieg
FINNLAND 2.000 1.800
NORWEGEN 2.000 870 1.000
SCHWEDEN 10.000 22.000
ESTLAND 5.000 1.000 500
LETTLAND 94.000 80.000 12.000
LITAUEN 160.000 135.000 20.000
DÄNEMARK 7.000 120 5.500
POLEN 3.275.000 4.565.000 (mit Litauen) 120.000
DEUTSCHLAND 365.000 125.000 85.000
TSCHECHOSLOWAKEI 360.000 – 277.000 55.000
ÖSTERREICH 180.000 – 70.000 16.000
SCHWEIZ 20.000 35.000
UNGARN 440.000 – 300.000 200.000
RUMÄNIEN 800.000 264.000 300.000
ITALIEN 50.000 7.500 52.000
JUGOSLAWIEN 75.000 60.000 10.500
BULGARIEN 50.000 46.500
GRIECHENL. 75.000 65.000 10.500
TÜRKEI 75.000 80.000
RUSSLAND
OSTSEE
SCHWARZES MEER
ADRIATISCHES MEER
MITTELMEER
Klooga
Vaivara
Riga
Kaiserwald
Moskau
Kaunas
Vilnius
Ponary
Minsk
Trostenets
Stutthof
Neuengamme
Ravensbrück
Sachsenhausen
Bergen-Belsen
Berlin
Westerbork
Niederhagen
Mittelbau Dora
Bernburg
Buchenwald
Chełmno
Groß-Rosen
Łódź
Białystok
Treblinka
Warschau
Sobibor
Lublin
Majdanek
Theresienstadt
Prag
Częstochowa
Sosnowiec
Krakau-Płaszów
Belzek
Brody
Kiew
Auschwitz
Strysnow
Lwiw
Babyn-Jar
Flossenbürg
Brno (Brünn)
Natzweiler-Struthof
Mauthausen
Dachau
Nitra
Bar
Balanowka
Bogdanowka
Edineţ
Budapest
Odessa
Rhein
Jasenovac
Gospić
Zemun
Sajmište
Sofia
Rom

morden. Von den 4,5 Millionen Juden, die auf sowjetischem Gebiet gelebt hatten, floh mehr als die Häfte vor dem Einmarsch. Die Übriggebliebenen wurden in abgeriegelte Stadtteile großer Städte („Ghettos)" gepfercht. Die Einsatzgruppen trieben diese zusammen und führten sie in umliegende Wälder, wo sie von Soldaten mit Maschinengewehren hingerichtet wurden. Im Frühjahr des Jahres 1941 trafen sich die ranghöchsten Funktionäre der Nationalsozialisten bei der Wannsee-Konferenz in Berlin, um die Ermordung von 11 Millionen Juden zu koordinieren. Das Herzstück ihrer Strategie war das Netzwerk aus Vernichtungslagern bei Kulmhof, Auschwitz-Birkenau, Treblinka, Sobibor, Treblinka, Majdanek und Belzec. In Auschwitz, dem größten der Lager, hatte die erste Vergasung von Gefangenen bereits im September 1941 stattgefunden. Bis zum September 1942 hatte Deutschland den Großteil Europas eingenommen. Jedoch wuchs der Widerstand mit der anhaltenden Emordungskampagne. Im Warschauer Ghetto schlug die Jüdische Kampforganisation zurück. Bei den Kämpfen verloren 7.000 Juden ihr Leben, und rund 30.000 wurden nach Treblinka deportiert. In ganz Europa ging das Morden weiter. Im Sommer 1944 fand die letzte Deportation statt, bei der mehr als 67.000 Menschen aus dem Łódźer Ghetto nach Birkenau gebracht wurden. Die meisten wurden in die Gaskammern geschickt oder fielen unmenschlichen medizinischen Experimenten zum Opfer. Am Ende des Krieges hatten mehr als 6 Millionen Juden unter den schrecklichsten Umständen, die man sich vorstellen kann, ihr Leben verloren. Seitdem ringt die jüdische Gemeinschaft mit der religiösen Frage, vor die der Holocaust stellt: Wo war Gott, als das jüdische Volk ihn in seiner furchtbarsten Stunde brauchte? Den schrecklichen Ereignisse wird heutzutage an Holocaust-Gedenktagen, mit Holocaust-Mahnmalen und in Museen, wie dem Yad Vashem in Jerusalem, auf der ganzen Welt gedacht.

## Zionismus

Der jüdische, in Österreich-Ungarn beheimatete Journalist Theodor Herzl (1860–1904) war einer der ersten, die zu der Überzeugung kamen, dass Juden ihr eigenes Heimatland bräuchten, um dem wachsenden Antisemitismus im Europa des 19. Jahrhunderts zu entkommen. Er fing an, sich politisch für die Entstehung eines solchen Staates einzusetzen.

Jüdische Siedler waren Jahrzehnte zuvor schon nach Palästina zurückgekehrt und lebten dort überwiegend in vier heiligen Städten: Hebron, Jerusalem, Safed und Tiberias. Einige dieser „Zionisten" ignorierten das Problem, dass eine palästinensisch-arabische Bevölkerung das Land bereits als ihre Heimat betrachtete. Andere glaubten an eine friedliche Ko-Existenz zwischen Juden und Arabern sowie eine gemeinsame Bewirtschaftung des Landes.

Der Holocaust bewies drastisch, dass ein Staat, in dem Juden vor Verfolgung sicher waren, dringend nötig war. Mit dem Bekanntwerden des entsetzlichen Ausmaßes der von den Nationalsozialisten begangenen Verbrechen gewann die zionistische Bewegung wieder an Gewicht.

Seit dem Jahr 1920 stand Palästina unter einem britisch verwalteten Völkerbundsmandat. Im Mai des Jahres 1947 entschieden die Vereinten Nationen, dass Palästina in einen jüdischen und einen arabischen Staat aufgeteilt werden solle. Im darauffolgenden Jahr, am 14. Mai 1948, verlas die UN die Unabhängigkeitserklärung des jüdischen Staats in Israel. Daraufhin flohen palästinensische Einwohner aus ihrer Heimat im israelisch kontrollierten Territorium; viele von ihnen suchten Zuflucht in Flüchtlingslagern. Der israelische Unabhängigkeitskrieg verlief während des Jahres 1948; weitere Konflikte brachen in den Jahren 1954, 1967 und 1973 aus. Nach dem Sechstagekrieg (1967) zwischen Israel und benachbarten arabischen Staaten besetzte Israel Gebiete, die vorher arabischen Ländern von der UN zugeteilt worden waren. Seitdem ist das Verhältnis zwischen Israel und den arabischen Ländern stark angespannt. Die besetzten Gebiete sind wiederholt Anlass dieser Spannungen: Israel betrachtet diese Gebiete als überlebensnotwendig für die nationale Sicherheit des Landes, während die arabischen Staaten versuchen, politischen Einfluss wieder zurückzugewinnen.

## DER STAAT ISRAEL HEUTE

Karte 27

# Teil 5

# Christentum

# Palästina unter den Herodianern

**Im Jahr 40 v. Chr. wurde Herodes der Große, Statthalter von Galiläa und Tetrarch von Judäa, vom römischen Senat zum König der Juden gekürt. Kurze Zeit darauf fielen die Parther in Syrien und Palästina ein, wo sie ihren eigenen König einsetzten. Herodes eroberte sein Königreich jedoch langsam zurück und nahm 37 v. Chr. Jerusalem ein. Er ließ Antigonos, den letzten der makkabäischen Priesterkönige, hinrichten und sicherte damit den Thron bis zu seinem Tod im Jahr 4 v. Chr. Das Reich teilte er unter seinen drei Söhnen auf.**

Obwohl er zumindest seinem Bekentnis nach Jude war, war Herodes sehr unbeliebt. Er war ein starker Befürworter Roms und errichtete sogar Schreine, die heidnischen Göttern geweiht waren. Neben einigen Städten und Festungen, die er außerhalb Jerusalems errichten ließ, erweiterte Herodes die Stadt um wichtige Bauwerke wie den Tempelberg, die Burg Antonia und den Oberen Palast. Im Jahr 19 v. Chr. begann der Wiederaufbau des Tempels, der fast bis zum Jahr 70. n. Chr. andauerte – dem Jahr, in dem der Tempel endgültig zerstört wurde, dieses Mal von den Römern. Nach dem Tod des Herodes wurde Palästina eine von dessen Söhnen, Tetrarchen unter der Herrschaft Roms, regierte Provinz. Archelaos, auch „Herodes der Ethnarch", regierte Judäa nur zwei Jahre lang. Er wurde von den Römern aufgrund schlechter Regierungsleistung entmachtet und verbannt. Bis 41 n. Chr. wurde Judäa von einem römischen Statthalter regiert. Herodes Antipas herrschte über Galiläa und Teile Transjordaniens von 4 v. Chr. bis 39 n. Chr., während Herodes Philippos die nördlichen Regionen des Reiches bis 34 n. Chr. unter sich hatte

Die Dekapolis war ein Zusammenschluss von zehn Städten, der nach dem Feldzug (65–62 v. Chr.) des römischen Generals Pompeius ins Leben gerufen wurde. Sie gewährte nichtjüdischen Bürgern, zumeist griechischsprachigen, römischen Soldaten, Schutz vor militanten jüdischen und arabischen Stämmen.

Die Überreste des von Herodes dem Großen erbauten Aquädukts bei Caesarea Maritima

## PALÄSTINA ZUR ZEIT CHRISTI

Karte 28

# Das Judentum und die frühe Kirche

**Der christliche Glaube hat seinen Ursprung in Palästina, dem „gelobten“ Land des Judentums. Jesus, die Apostel und die ersten Konvertiten waren alle Juden. Nach Jesu Tod schlossen sich seine Anhänger zu einer Glaubensgemeinschaft zusammen, deren Botschaft sich durch das Wirken von Wanderpredigern und Missionaren schnell verbreitete. Anfänglich entstammten alle neuen Konvertiten dem jüdischen Glauben, aber schon bald kamen Nichtjuden dazu. Die Vertreter der neuen Religion wurden verschiedentlich Anhänger des „Weges“ „Christen“ und „Nazarener“ genannt.**

62 n. Chr. führte der Tod des Matthäus, dem Anführer der Jerusalemer Christen, dazu, dass einige die Stadt verließen und damit die judenchristliche Gemeinschaft schwächten. Während des ersten Jüdischen Krieges (66–73 n. Chr.) zerstörten die Römer den herodianischen Tempel und plünderten Jerusalem. Die Zerstörung des Tempels bedeutete das Ende der Priesterschaft und des Opfersystems und war eine folgenschwere Katastrophe für das Judentum. Die christliche Gemeinde flüchtete vermutlich kurz vor der Belagerung aus Jerusalem und suchte Zuflucht in Pella am anderen Ufer des Jordans. Einige kehrten später jedoch zurück. Die von den Aposteln gegründeten Gemeinden an der Mittelmeerküste überlebten, ebenso wie die in Kapernaum, Rimmon in Galiläa und Cochaba in Gaulanitis.

Nach dem Scheitern des Bar-Kochba-Aufstands (132–135 n. Chr.) wurde der Sanhedrin von Jawne nach Galiläa verlegt. Nach dieser Revolte gegen die römische Herrschaft wurden viele Juden ermordet, verbannt oder in die Sklaverei verkauft. Zusammen mit dem Übertritt von Nichtjuden, Samaritern und Juden zum Christentum führten diese Ereignisse zu einer christlichen Mehrheit in Palästina. Im Laufe mehrerer Generationen löste sich das Christentum schrittweise vom Judentum, und christliche Missionare konzentrierten sich zunehmend auf die Heiden im In- und Ausland.

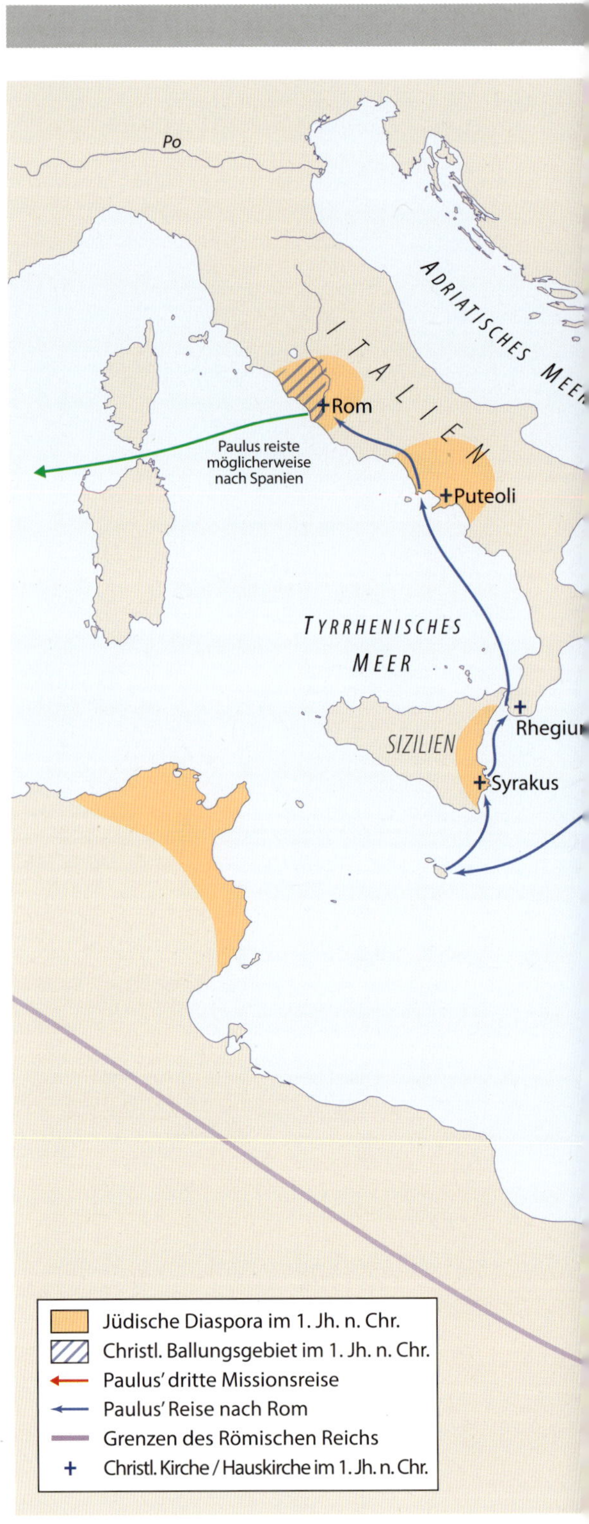

Donau
SCHWARZES MEER
DALMATIEN
MAKEDONIEN
MOESIEN
THRAKIEN
BITHYNIEN
PONTUS
Halys
MYSIEN
GALATIEN
KAPPADOKIEN
KILIKIEN
PAMPHYLIEN
LYKIEN
SYRIEN
Eufrat
ÄGÄISCHES MEER
ACHAIA
KRETA
ZYPERN
MITTELMEER
LIBYEN
AFRIKA
ÄGYPTEN
Nil
Philippi
Thessaloniki
Apollonia
Troas
Assos
Mitylene
Pergamon
Thyatira
Smyrna
Philadelphia
Antiochia in Pisidien
Iconium
Ephesos
Hierapolis
Kolossai
Korinth
Athen
Aegina
Magnesia
Miletus
Tralles
Lystra
Derbe
Tarsus
Zabdikene
Edessa
Attalia
Perge
Kos
Patara
Myra
Seleukia
Antiochia
Salmone (Sideros)
Lasaia
Salamis
Paphos
Damaskus
Sidon
Tyros
Ptolemais
Caesarea
Pella
Jaffa
Samaria
Jerusalem
Azotus (Aschdod)
Kyrene
Alexandria
Meilen
0
100
200
0
100
200
300
Kilometer

# Erste Ausbreitung des Christentums

**Das Christentum breitete sich schnell über den gesamten Mittelmeerraum aus. Nur 15 Jahre nach Jesu Auferstehung hatte das Christentum Ableger in Rom selbst. Die Handelsrouten des Römischen Reiches ermöglichten nicht nur die schnelle Beförderung von Waren, sondern auch von Gedankengut.**

Im östlichen Mittelmeerraum kristallisierten sich schnell drei Zentren der christlichen Kirche heraus. In ihrem Ursprungsland nahm sie mit der Entwicklung Jerusalems zu einem führenden Zentrum für christliche Aktivitäten und christliches Gedankengut eine wichtige Position ein. Kleinasien war zu diesem Zeitpunkt bereits ein wichtiger Standort, an dem sich das Christentum stark ausgebreitet hatte; dort befanden sich auch einige Empfänger der paulinischen Briefe. Konstantinopel wurde zu einem besonders wichtigen Zentrum des christlichen Glaubens. Im südlichen Mittelmeerraum entwickelte sich Alexandria zu einer Hochburg.

Das Wachsen des Christentums brachte auch neue Debatten mit sich. Das Neue Testament hatte sich mit dem Verhältnis zwischen Christen- und Judentum befasst, die Ausbreitung in griechischsprachige Länder warf nun die Frage auf, wie das Christentum mit der griechischen Philosophie vereinbar war.

Das Wachstum verlief jedoch nicht immer problemlos. Der römische Kaiserkult war im östlichen Mittelmeerraum stark vertreten. Seine Anhänger glaubten, dass die Verehrung des Kaisers gleichzeitig ein Treuebekenntnis zum Römischen Reich sei, weshalb viele Christen für ihre Alleinverehrung Christi bestraft wurden. Die Ausbreitung des Christentums löste regelmäßig auch Verfolgungswellen in den betroffenen Regionen aus: Ein Beispiel ist die Unterdrückung der Christen unter Kaiser Decius (249–251 n. Chr.), die besonders in Nordafrika sehr brutal verlief.

Das Christentum wurde erst 313 n. Chr. als legitime Religion vom römischen Staat anerkannt, als der konvertierte Kaiser Konstantin einer von zwei Regenten des Römischen Reiches war.

## VERBREITUNG DES CHRISTENTUMS UM 325 N. CH

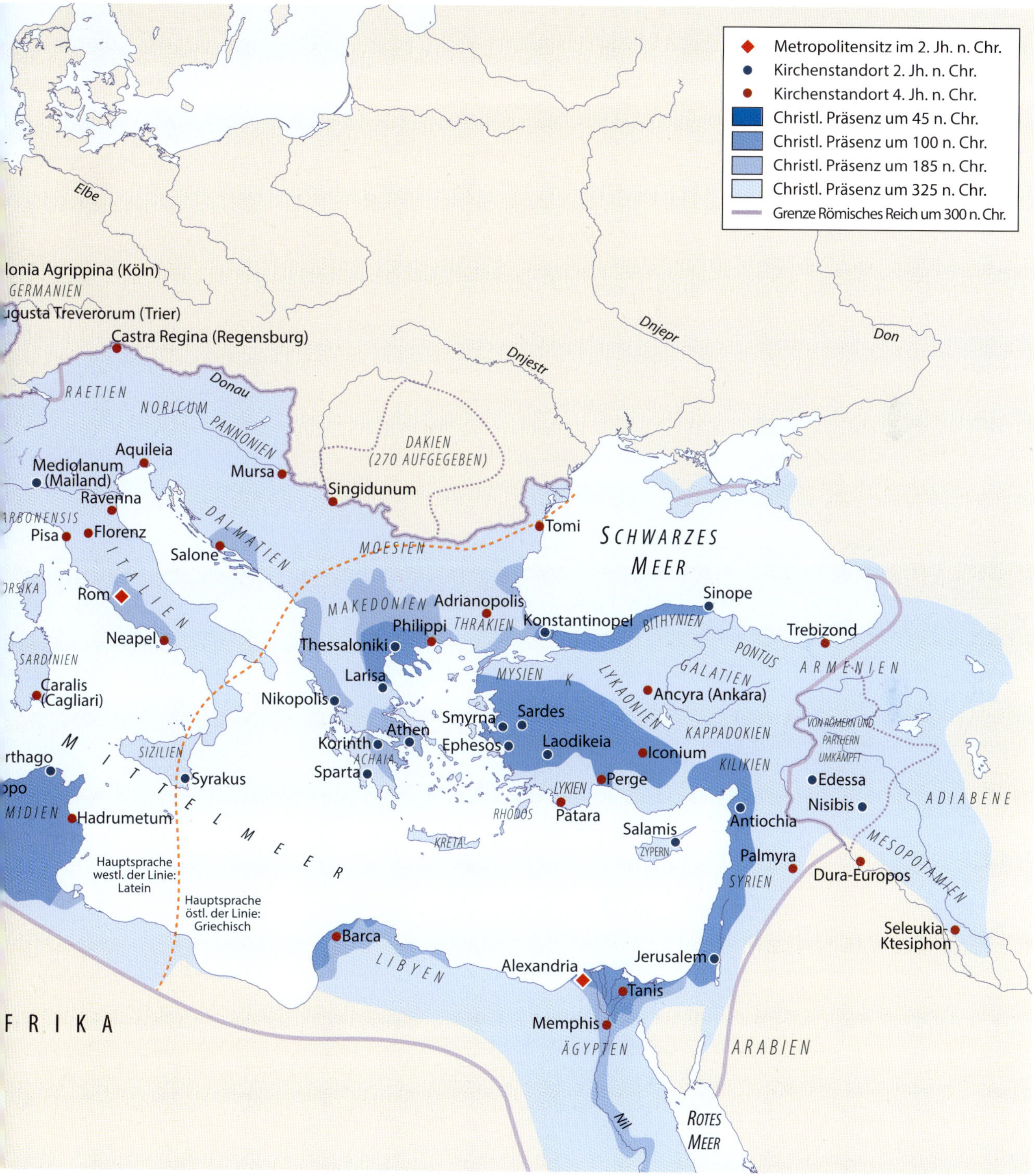

Metropolitensitz im 2. Jh. n. Chr.
Kirchenstandort 2. Jh. n. Chr.
Kirchenstandort 4. Jh. n. Chr.
Christl. Präsenz um 45 n. Chr.
Christl. Präsenz um 100 n. Chr.
Christl. Präsenz um 185 n. Chr.
Christl. Präsenz um 325 n. Chr.
Grenze Römisches Reich um 300 n. Chr.
Elbe
lonia Agrippina (Köln)
GERMANIEN
ugusta Treverorum (Trier)
Castra Regina (Regensburg)
Dnjepr
Don
Dnjestr
Donau
RAETIEN
NORICUM
PANNONIEN
DAKIEN (270 AUFGEGEBEN)
Aquileia
Mediolanum (Mailand)
Mursa
Singidunum
Ravenna
RBONENSIS
Pisa
Florenz
DALMATIEN
Tomi
SCHWARZES MEER
Salone
MOESIEN
RSIKA
Rom
ITALIEN
MAKEDONIEN
Adrianopolis
Sinope
Philippi
THRAKIEN
Konstantinopel
BITHYNIEN
Trebizond
Neapel
Thessaloniki
PONTUS
SARDINIEN
GALATIEN
ARMENIEN
MYSIEN
LYKAONIEN
Larisa
Caralis (Cagliari)
Nikopolis
Ancyra (Ankara)
Sardes
Smyrna
VON RÖMERN UND PARTHERN UMKÄMPFT
Athen
KAPPADOKIEN
Korinth
Ephesos
Laodikeia
Iconium
rthago
SIZILIEN
ACHAIA
KILIKIEN
Sparta
Syrakus
Edessa
po
LYKIEN
Perge
MITTELMEER
Nisibis
ADIABENE
MIDIEN
Hadrumetum
RHODOS
Patara
Antiochia
Salamis
KRETA
ZYPERN
MESOPOTAMIEN
Palmyra
Hauptsprache westl. der Linie: Latein
Dura-Europos
SYRIEN
Hauptsprache östl. der Linie: Griechisch
Seleukia-Ktesiphon
Barca
LIBYEN
Alexandria
Jerusalem
Tanis
FRIKA
Memphis
ÄGYPTEN
ARABIEN
Nil
ROTES MEER

# Anerkennung des Christentums

**Am Ende des 4. Jahrhunderts war das Christentum zur Staatsreligion des Römischen Reichs geworden. Diese neue Beziehung zwischen der christlichen Kirche und dem christlichen Kaiser führte zu einem turbulenten Verhältnis zwischen Staat und Kirche im späteren Reich und während des Mittelalters.**

Das 4. und 5. Jahrhundert n. Chr. war gekennzeichnet von einer Reihe theologischer Kontroversen um die das Person-Sein Jesu Christi und um die Gotteslehre. Mehrere Konzilien gaben sich Mühe, die Differenzen beizulegen und die Einheit der christlichen Kirche im Römischen Reich zu erhalten. Das wichtigste dieser Konzilien war das Konzil von Chalcedon (451), das eine verbindliche Auslegung der Natur Christi als „wahrer Gott und wahrer Mensch“ festlegte.

Der Fall des Römischen Reiches, der traditionell auf 476 n. Chr. datiert wird, führte zu großer Unsicherheit in der Weströmischen Kirche. Die Blütezeit der Ostkirche ging indes weiter, da das Oströmische Reich von den Einfällen nordeuropäischer Aggressoren – die letztendlich die Macht Roms im Westen brachen – weitestgehend verschont blieb.

Die Brüche im Römischen Reich des 5. Jahrhunderts führten zu einer wachsenden Kluft zwischen West- und Ostkirche. Die wachsenden Spannungen waren sowohl theologischer als auch politischer Natur und führten letztendlich zum Großen abendländischen Schisma zwischen Ost und West im Jahr 1054.

Der Wegfall Roms als stabilisierender Einfluss in Europa bescherte der Kirche und insbesondere den Klöstern eine neue Rolle. Die Klostergründung Benedikts von Nursia in Montecassino um 525 n. Chr. stellte den Beginn einer monastischen Bewegung dar, deren Einfluss in Europa bis ins Mittelalter reichen sollte. In dieser Epoche entwickelte sich das Papsttum auch zunehmend zu einem politisch einflussreichen und mächtigen Amt.

Grenze Römisches Reich 481
Gebiet unter arianischem Herrscher
Monophysitische Kirchen
Katholisches Christentum
Nestorianische Kirche
Patriarchat
Kirchenkonzil oder Synode
Stadt mit Kirche
Stammeswanderungen
SLAWEN
LOMBARDEN
HUNNEN
GEPIDEN
ALANEN
Elbe
THÜRINGER
Lauriacum (Enns)
Donau
Aquileia
OSTGOTISCHES KÖNIGREICH
Rom
Alarich plündert die Stadt.
SCHWARZES MEER
KASPISCHES MEER
Sardica
451: 4. Ökumenisches Konzil richtet sich gegen Monophysiten
381: 2. Ökumenisches Konzil
Konstantinopel
Chalcedon
Nicäa
325: 1. Ökumenisches Konzil richtet sich gegen Arianismus
Sebasteia
ARMENISCHE KIRCHE
Etschmiadsin
491: Monophysitische Synode
Manzikert
Ephesos
431: 3. Ökumenisches Konzil richtet sich gegen Nestorianer
JAKOBITEN-KIRCHE
Edessa
Perge
Tarsus
Nisibis
PERSISCHES REICH
Antiochia
Eufrat
Tigris
MITTELMEER
Damaskus
Seleukia
Alexandria
Jerusalem
KOPTISCHE KIRCHE
Oxyrhynchos
Nil
ARABER
Ptolemais
ROTES MEER
Äthiopische Kirche nähert sich dem Monophysitimsus an

## ÜBERBLICK ÜBER DIE WELTRELIGIONEN ZWISCHEN 600 V. CHR. UND 600 N. CHR.

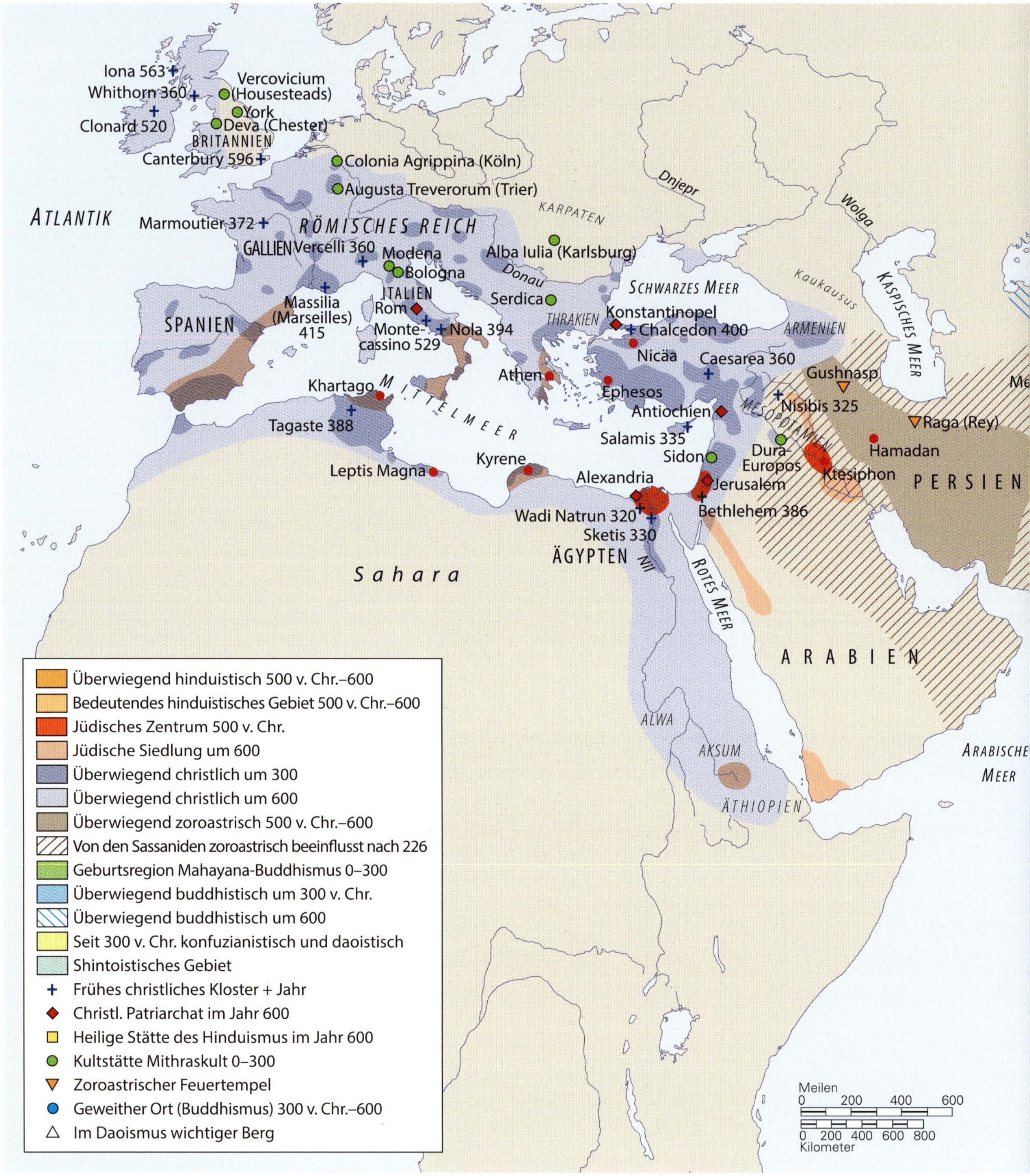

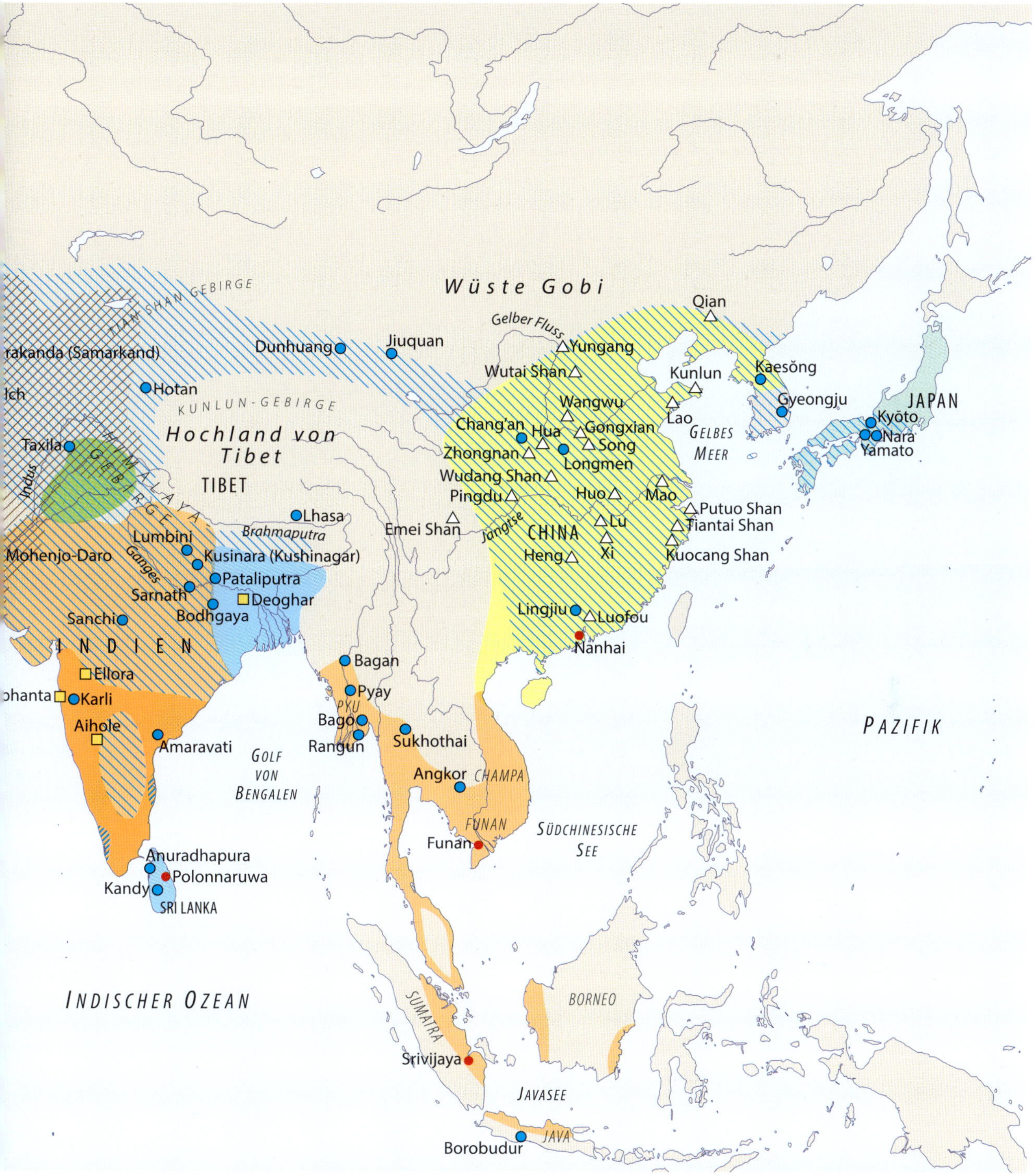
Wüste Gobi
Gelber Fluss
Qian
Yungang
Wutai Shan
Kunlun
Kaesŏng
Gyeongju
JAPAN
Kyōto
Nara
Yamato
Dunhuang
Jiuquan
rakanda (Samarkand)
Hotan
lch
KUNLUN-GEBIRGE
TIAN SHAN GEBIRGE
Hochland von Tibet
TIBET
Taxila
Indus
HIMALAYA GEBIRGE
Wangwu
Lao
Chang'an
Hua
Gongxian
Song
Longmen
Zhongnan
Wudang Shan
Pingdu
Huo
Mao
GELBES MEER
Lhasa
Brahmaputra
Emei Shan
Jangtse
CHINA
Lu
Xi
Heng
Putuo Shan
Tiantai Shan
Kuocang Shan
Lumbini
Mohenjo-Daro
Ganges
Kusinara (Kushinagar)
Pataliputra
Sarnath
Deoghar
Bodhgaya
Sanchi
INDIEN
Lingjiu
Luofou
Nanhai
Ellora
Karli
Aihole
Amaravati
Bagan
Pyay
PYU
Bago
Rangun
Sukhothai
GOLF VON BENGALEN
Angkor
CHAMPA
FUNAN
Funan
SÜDCHINESISCHE SEE
PAZIFIK
Anuradhapura
Polonnaruwa
Kandy
SRI LANKA
INDISCHER OZEAN
SUMATRA
Srivijaya
BORNEO
JAVASEE
JAVA
Borobudur

# Die Christenheit im Jahr 1050

**Karl der Große (um 742–814), der erste Kaiser des Heiligen Römischens Reichs, hatte über weite Teile Westeuropas geherrscht. Nach seinem Tod zerfiel das Reich zunehmend in sich bekriegende Fürstentümer.**

Zwischen 970 und 1048 drängte eine 48 Jahre anhaltende Hungersnot viele Menschen ans Existenzminimum. Handels- und Kommunikationswege brachen ab und Reisewege wurden gefährlicher. Die Kirche war die einzige Institution, deren Einfluss über den von Lokalfürsten hinausreichte. Kirchenführer und Klostergemeinschaften kämpften darum, einen zivilisierten Lebenswandel aufrechtzuerhalten.

Zwischen säkularen Herrschern und Päpsten kam es verstärkt zu Konflikten, insbesondere wenn ein reformorientierter Papst wie Leo IX. (Amt. 1049–1054) versuchte, das Ansehen seines Amtes wiederherzustellen und die Selbstverwaltung der Kirche zu verteidigen.

Patriarch Michael I. Kerularios (Amt. 1043–1058) war das geistliche Oberhaupt eines Reiches, das von Intrigen zerfressen war und drohte, zwischen dem Khanat der Bulgaren und dem wachsenden islamischen Reich der Türken zerrieben zu werden. In den Jahren nach 1025 musste das orthodoxe Christentum schwerwiegende militärische Niederlagen in Kleinasien hinnehmen. Im Jahr 1054 führte ein Streit um die Autorität der Kirchen zu einem direkten Konflikt zwischen Ost und West. Das Papsttum erhob den Anspruch, direkt vom Heiligen Petrus abzustammen und damit die oberste kirchliche Autorität zu besitzen – ein Anspruch, der auf einem als „Konstantinische Schenkung" bezeichneten Dokument beruhte, die sich später als Fälschung herausstellte. Papst Leo IX. exkommunizierte den Patriarchen, der wiederum den Kirchenbann über den Papst aussprach. Die Folge war das Große Abendländische Schisma zwischen West- und Ostkirche.

Um das Jahr 866 wurde der erste christliche Bischof von Patriarch Photios I. aus Konstantinopel nach Kiew entsandt. Unter den Kiewer Adligen enstand kurze Zeit später eine christliche Gemeinschaft. 988 ordnete Großfürst Wladimir I. von Kiew die Massentaufe seiner Untergebenen an. Dieses Ereignis stellt die Geburtsstunde der Russisch-Orthodoxen Kirche dar.

## DIE KIRCHE IM JAHR 1050

Röm.-Kath. Ausbreitung
Orthodoxe Ausbreitung
Byzantinisches Reich
Kirche von Antiochien
Expansion der Kirche v. Antioch.
Patriarchat
Erzbistum (Auswahl)
Wichtiges Kloster (Auswahl)
OSTSEE
Nowgorod
emen
Elbe
Magdeburg
Gniezno
Corvey
Fulda
Mainz
Prag
Lorsch
Donau
Dnjestr
Dnjepr
Reichenau
Salzburg
Gran (Esztergom)
St. Gallen
Kalocsa
Wolga
KASPISCHES MEER
Bobbio
Ravenna
Split
Capua
SCHWARZES MEER
Preslaw
Rom
Benevento
Acerenza
Montecassino
Dyrrachium (Durrës)
Konstantinopel
Neapel
Bari
Thessaloniki
Studion
Amalfi
Brindisi
Neocaesarea
Salerno
Otranto
Sebasteia
Etschmiadsin (Valarschapat)
Cagliari
Santa Severina
Vivarium
Iconium
Edessa
Reggio
Tarsus
thago
Hierapolis
Arbela
Antiochia
Salamis
MITTELMEER
Eufrat
Damaskus
Seleukia
Alexandria
Jerusalem
Nil

# Die Reformationen Europas

**Zwischen 1000 und 1500 fand eine Erneuerung in jedem Bereich des kirchlichen Lebens statt. Der Papst besaß die Autorität, in politische Auseinandersetzungen einzugreifen, womit die Macht des Amtes nie vorher dagewesene Höhen erreichte. Mit der Scholastik entstand eine Form der Theologie, aus der Gelehrte wie Thomas von Aquin und Johannes Duns Scotus eine vielschichtige und komplexe Denkschule entwickelten.**

Im 16. Jahrhundert kam es zu einer gewaltigen Umwälzung im westeuropäischen Christentum: der Reformation. Sie hatte ihre Ursprünge in der Renaissance, während der die ersten Stimmen laut wurden, dass das Christentum zu den ursprünglichen Schriftquellen des Neuen Testaments zurückkehren solle. Die Diskrepanz zwischen der apostolischen und der mittelalterlichen Vision der Kirche erschreckte Männer wie Martin Luther (1483–1546) und Huldrych Zwingli (1484–1531) und veranlasste sie dazu, auf Reformen innerhalb der Kirche zu drängen. Nach Luthers Ansicht hatte vor allem die Lehre darüber, wie Menschen eine richtige Beziehung zu Gott herstellen – die Rechtfertigungslehre – mit Blick auf die Heilige Schrift eine Erneuerung dringend nötig. Obwohl die Notwendigkeit von Reformen generell in großen Teilen der Kirche eingesehen wurde, waren die Reformen an sich kontrovers umstritten. Entgegen ihrer Absicht reformierten Luther und Zwingli die Kirche nicht von innen heraus, sondern mussten feststellen, dass sie mit ihrem Tun Reformgemeinschaften außerhalb der Hauptkirche erschaffen hatten. Als Johannes Calvin (1509–1564) mit seiner Reformation in Genf begann, hatte sich der Protestantismus bereits als eine eigenständige Form des Christentums herausgebildet und stellte nun eine Bedrohung für die Katholische Kirche dar. In den späten 1540er-Jahren durchlief auch die Katholische Kirche einen größeren Reformations- und Erneuerungsprozess, die sog. „Katholische Reform“ (früher: Gegenreformation). Religiöse Orden wurden reformiert und viele der Dogmen und Praktiken, die die Reformatoren kritisiert hatten, abgeschafft. Dennoch blieben große Unterschiede zwischen der katholischen und der protestantischen Kirche bestehen.

## EUROPA ZUR ZEIT DER REFORMATION UM 157

Römisch-Katholisch
Orthodox
Lutherisch
Calvinist. / Reformiert / Hugenottisch
Anglikanisch
Muslimisch
Täufer / Anabaptisten
Hussiten / Böhmische Brüder
Waldenser
Sozinianer
Grenze Heiliges Römisches Reich
1566: Bilderstürmerische Aufstände
1572: Aufstände infolge der Bartholomäusnacht
Katholische Reformeinrichtung
Christiania
NORWEGEN
Stockholm
Helsinki
SCHWEDEN
LIVLAND
Pskow
Riga
KURLAND
OSTSEE
DÄNEMARK
Kopenhagen
Königsberg
PREUSSEN
Wilna
Minsk
RUSS-LAND
Emden
Hamburg
Elbe
Hannover
Berlin
Münster
1534: Täufer-aufstand
Rhein
Wittenberg
Leipzig
Dresden
Oder
SACHSEN
Köln
SCHLESIEN
Warschau
LITAUEN
POLEN
Frankfurt
PFALZ
Prag
BÖHMEN
Krakau
Lwiw
MÄHREN
Nürnberg
WÜRTTEMBERG
Donau
UNGARN
Wien
Dnjepr
Dnjestr
Salzburg
ÖSTERREICH
Buda
FRANCHE-COMTÉ
SCHWEIZER EIDGENOSSENSCHAFT
Graz
MOLDAWIEN
TRANSILVANIEN (SIEBENBÜRGEN)
Genf
Brescia
REPUBLIK VENEDIG
Triest
Pécs
SAVOYEN
MAILAND
Mailand
Turin
Venedig
WALACHEI
Belgrad
Bukarest
GENUA
Genua
Ravenna
Florenz
TOSKANA
Camerino
1528: Gründung Kapuzinerorden
Mostar
Donau
SCHWARZES MEER
KIRCHEN-STAAT
Sofia
OSMANISCHES REICH
Rom
1540: Anerkennung des Jesuitenordens
NEAPEL
Neapel
Saloniki
Cagliari
Athen
Palermo
SIZILIEN
MITTELMEER

# Christentum im Nord- und Südamerika des 17. Jahrhunderts

## Südamerika

Im 17. Jahrhundert war Spanien nach wie vor die dominante Kolonialmacht, während Portugals Kontrolle über seine Kolonien schwächer wurde. Das Patronage-System, das den Monarchen Spaniens und Portugals die Verantwortung für die Christianisierung der indigenen Bevölkerung, die Gründung von Diözesen und die Ernennung von Geistlichen in den Kolonien übertrug, blieb bestehen.

Die großen Orden mobilisierten Tausende von Priestern für den Dienst, was zu einer fast vollständigen – wenn auch oberflächlichen – Christianisierung Lateinmerikas führte. Eine kleine Minderheit unter den Priestern protestierte gegen die politische und wirtschaftliche Unterdrückung der Ureinwohner. In einem Experiment zur Christianisierung der indigenen Bevölkerung gründeten Jesuitenpater zwischen 1650 und 1720 Dörfer („Reduktionen") in den weitläufgen, unbesiedelten Gebieten Paraguays.

## Nordamerika

Während des frühen 17. Jahrhunderts bekamen die Siedler aus Großbritannien Gesellschaft in Nordamerika: Lutheraner aus Skandinavien, Wiedertäufer aus Deutschland, Calvinisten aus Holland und Katholiken aus Irland und Italien.

Mitte des 18. Jahrhunderts gab es in Virginia rund 100 anglikanische Kirchen. Das erst 1733 gegründete Georgia wurde schnell Teil der Anglikanischen Kirche. Als der Amerikanische Unabhängigkeitskrieg ausbrach, war der Anglikanismus im Süden vorherrschend, vor allem in den ursprünglichen Siedlungsgebieten.

In den Kolonien Massachusetts und Connecticut genoss die kongregationalistische Kirche rechtliche Vorteile. Die „Große Erweckung" der 1740er-Jahre heizte den religiösen Eifer an und brachte einige Abspaltungen von der Hauptkirche hervor. Rhode Island und Providence Plantations erlaubten religiöse Vielfalt, wie sie von Baptisten und Quäkern praktiziert wurde, während sich Pennsylvania zu einer Zuflucht für verfolgte Quäker und andere religiöse Abweichler entwickelte.

Die Niederländisch-Reformierte Kirche blühte in New York und New Jersey auf und war auch Teil der „Großen Erweckung", wie auch die schottischen und irischen Presbyterianer aus den sog. Middle Colonies, die sich schon zu Beginn des 18. Jahrhunderts in der Region niedergelassen hatten.

Die Kapelle *Nuestra Señora de la Evangelización* in der Kathedrale von Lima in Peru

# CHRISTENTUM AUF DEN AMERIKANISCHEN KONTINENTEN UM 1750 Karte 35

# Ein Zeitalter der Missionierung

**Im 18. Jahrhundert begannen protestantische Kirchen in Europa und Nordamerika immer mehr Missionare, später auch Missionarinnen, auszusenden, um die Botschaft des Christentums zu den bislang unerreichten Stämmen und Völkern zu tragen.**

Außerhalb Großbritanniens verbreitete sich die anglikanische Kirche durch Auswanderung und durch Missionierung. Die Missionsgesellschaften *Society for the Propagation of the Gospel in Foreign Parts* („Gesellschaft für die Verbreitung der Guten Nachricht im Ausland", 1701) und die *Society for the Promotion of Christian Knowledge* („Gesellschaft für die Förderung christlicher Bildung", 1698) wurden beide mit dem Ziel gegründet, das anglikanische Christentum in den britischen Kolonien zu fördern. In Nordamerika missionierte der Erweckungsprediger Jonathan Edwards (1703–1758) unter der indigenen Bevölkerung. Ein weiterer Vorreiter der Mission war William Carey (1761–1834), der 1792 die *Baptist Missionary Society* gründete. In der dänischen Handelsstadt Serampore bei Kalkutta ließ er Teile der Bibel in verschiedenen Sprachen drucken. Bis zum Jahr 1855 waren Missionare der *Anglican Church Missionary Society* bis nach Peshawar vorgedrungen. In Südindien gingen viele protestantische Missionare aus Europa und Nordamerika von Bord und trafen auf die von Franz Xaver (1506–1552) gegründeten katholischen Gemeinschaften, wie auch die Thomaschristen in Travancore (heute: Kerala), deren Wurzeln – so wird vermutet – ins 6. Jahrhundert n. Chr. zurückreichen. Diese Begegnungen verliefen mitunter konfliktreich. Andere Gesellschaften folgten schon bald dem Beispiel Careys baptistischer Missionsgesellschaft. 1795 entstand die *London Missionary Society;* 1797 gründeten holländische Christen die *Nederlandsch Zendeling Genootschap* („Niederländische Missionsgesellschaft"). 1799 wurde die *Church Missionary Society* von evangelikalen Anglikanern ins Leben gerufen. 1810 gründeten amerikanische Evangelikale den *American Board of Commissioners for Foreign Missions* („Amerikanischer Vorstandsausschuss für Auslandsmission"). der sich zu einem der größten aussehenden Missionsinstitutionen entwickelte. 1815 eröffneten europäische Pietisten eine Ausbildungsstätte für Missionare in Basel. Oft folgte das Kreuz der Standarte: Dort, wo europäische Kolonialmächte walteten, waren anschließend auch Missionsgesellschaften tätig.

## Afrika

Mit Ausnahme der koptischen Christen in Ägpyten und der Äthiopischen Kirche war der Islam die dominante Religion Nordafrikas. Die erste erfolgreiche Missionstätigkeit fand in den 1830er- und 1840er-Jahren statt, schwerpunktmäßig in Westafrika. In diesem Zeitraum wurden auch die ersten Missionsreisen nach Südafrika vom Kap der Guten Hoffnung aus gestartet, das schon lange von Europäern besiedelt worden war gestartet. Der schottische Entdecker und Missionar Dr. David Livingstone war einer der Pioniere, in dessen Fußstapfen viele andere Missionare folgen sollten.

Auch katholische Missionare waren in dieser Zeit aktiv, vor allem die Spiritaner (1848) und die „Gesellschaft der Missionare von Afrika", die sog. „Weißen Väter". Der Konkurrenzkampf zwischen Protestanten und Katholiken um Missionsgebiete verschärfte sich zunehmend und spiegelte damit die politischen Rivalitäten und den „Wettlauf" der europäischen Großmächte um afrikanische Kolonien nach 1880.

## Mission in China und Südostasien

Der erste Missionar in China in dieser Ära war der Amerikaner Robert Morrison (1782–1834), der 1807 in Kanton von Bord ging. Jedoch war China zu diesem Zeitpunkt nicht offiziell für Ausländer geöffnet. Dies kam erst 1842 mit dem Vertrag von Nanking zustande. In dem Dokument wurden fünf Hafenstädte für ausländische Niederlassungen geöffnet, die später von amerikanischen und britischen Missionaren als Anlaufpunkt für die Evangelisierung Chinas benutzt wurden.

Bereits bestehende katholische Missionen setzten ihre Arbeit trotz Verfolgungen fort. Nachdem China und Frankreich 1860 ein Duldungsabkommen geschlossen hatten, konnte sich der Katholizismus schneller als der Protestantismus in China verbreiten. Nach dem Ende des Taiping-Aufstands im Jahr 1864 gründete der britische, protestantische Missionar James Hudson Taylor die China-Inland-Mission. Seine Missionsgesellschaft war eine der wenigen, die großen Erfolg damit hatte, Chinesen und Chinesinnen vom Übertritt zum Christentum zu überzeugen. Sein Vorbild führte zu der Entstehung vieler weiterer Missionsgesellschaften und der Gründung der *Student Volunteer Movement* („Studentische Freiwilligenbewegung"). Tausende von ehrenamtlichen Missionare boten ihre Dienste an; im Jahr 1882 gab es in nahezu allen Provinzen Chinas (außer in dreien) protestantische Missionare.

Nach einem Massaker an katholischen Christen im 16. Jahrhundert blieb Japans Einstellung gegenüber dem Westen feindselig. Korea sah seinen ersten Missionar im Jahr 1865.

## Lateinamerika

Während des 19. Jahrhunderts kamen die protestantischen Missionare in Lateinamerika größtenteils aus den USA. Die protestantischen Werte waren attraktiv für die liberale Mittelschicht, die die Unabhängigkeitsbemühungen der südamerikanischen Republiken durchgesetzt hatten. Nach der Ausweisung bereits bestehender katholischer Missionen kam es zu einem Mangel an Priestern, der wiederum ein Nachlassen in der Ausübung des christlichen Glaubens in der Bevölkerung mit sich brachte. Bei Ausbruch des Ersten Weltkriegs gab es in jeder lateinamerikanischen Republik protestantische Missionare. Jedoch gab es auf dem ganzen Kontinent nur eine halbe Million protestantischer Konvertiten. Im Vergleich zu der katholischen Bevölkerung war dies äußerst wenig.

## Ozeanien

Im 17. Jahrhundert waren spanische Katholiken von den bereits christianisierten Philipinnen aus nach Mikronesien gesegelt und hatten dort die Einwohner der Marianen-Inseln zum Christentum bekehrt. Die größeren katholischen Missionswerke in diesem Gebiet waren französischen Ursprungs: Die „Kongregation von den Heiligsten Herzen Jesu und Mariens" – die sogenannten „Picpus-Patres" – in Melanesien und die „Maristenpatres" in Polynesien. Weitere französische Katholiken ließen sich in Neukaledonien, dem südlichen Neuguinea, auf den östlichsten Inseln von Tahiti, den Marquesas-Inseln, Mangereva und den Osterinseln nieder. Die missionarischen Aktivitäten der Protestanten schritten überwiegend von Ost nach West voran: erst nach Tahiti, dann auf die melanesischen Inseln. Missionare der *London Missionary Society* waren die ersten, die die Gesellschaftsinseln erreichten, bevor sie weiter nach Polynesien reisten: Tonga, Westsamoa und Fidschi.

## Australien und Neuseeland

Nachdem Großbritannien eine Strafgefangenenkolonie in Australien errichtet hatte, war ein anglikanischer Kaplan, Richard Johnson (um 1753–1827), an Bord des ersten Gefangenentransports. Bald darauf folgten Wesleyaner, Presbyterianer und Katholiken. In den 1820er-Jahren konnte die Anglikanische Kirche Fuß fassen, obwohl sich bereits zahlreiche irische Katholiken und schottische Presbyterianer angesiedelt hatten. Die ersten europäischen Siedler reisten 1805 nach Neuseeland und die ersten Missionare folgten neun Jahre später. Es war die anglikanische Kirche, die dort den Großteil der Bevölkerung ausmachen sollte, jedoch mit zahlenmäßig stark vertretenen Minderheiten von schottischen Presbyterianern, Katholiken und Methodisten.

## Die Missionierungsindustrie

Das 19. Jahrhundert war ein Zeitalter heroischer missionarischer Unternehmungen: Unter den Pionieren der Mission waren der Engländer Henry Martyn (1781–1812) in Indien und Persien, die Amerikaner Adoniram and Ann Judson (1788–1850, 1789–1826) in Burma (Myanmar), der Deutsche Johann Krapf (1810–1881) in Indien, der Belgier Damian de Veuster (1840–1889), der auf Hawaii unter Leprakranken arbeitete, und der Franzose Charles de Foucauld (1858–1916) in Nordafrika. Es war auch ein Zeitalter der großen Missionsorganisatoren, wie etwa der Ire H. Grattan Guinness (1835–1910), und ein Zeitalter innovativer Missionsgesellschaften, wie der China-Inland-Mission und der Lepra-Mission. Es fanden auch große Missionskonferenzen statt, wie die Weltmissionskonferenz im schottischen Edinburgh (1910), deren Vorsitz der Präsident des *Student Volunteer Movement,* der Amerikaner John R. Mott (1865–1955), übernahm.

## WELTWEITE VERTEILUNG CHRISTLICHER MISSIONEN IM FRÜHEN 20. JAHRHUNDERT

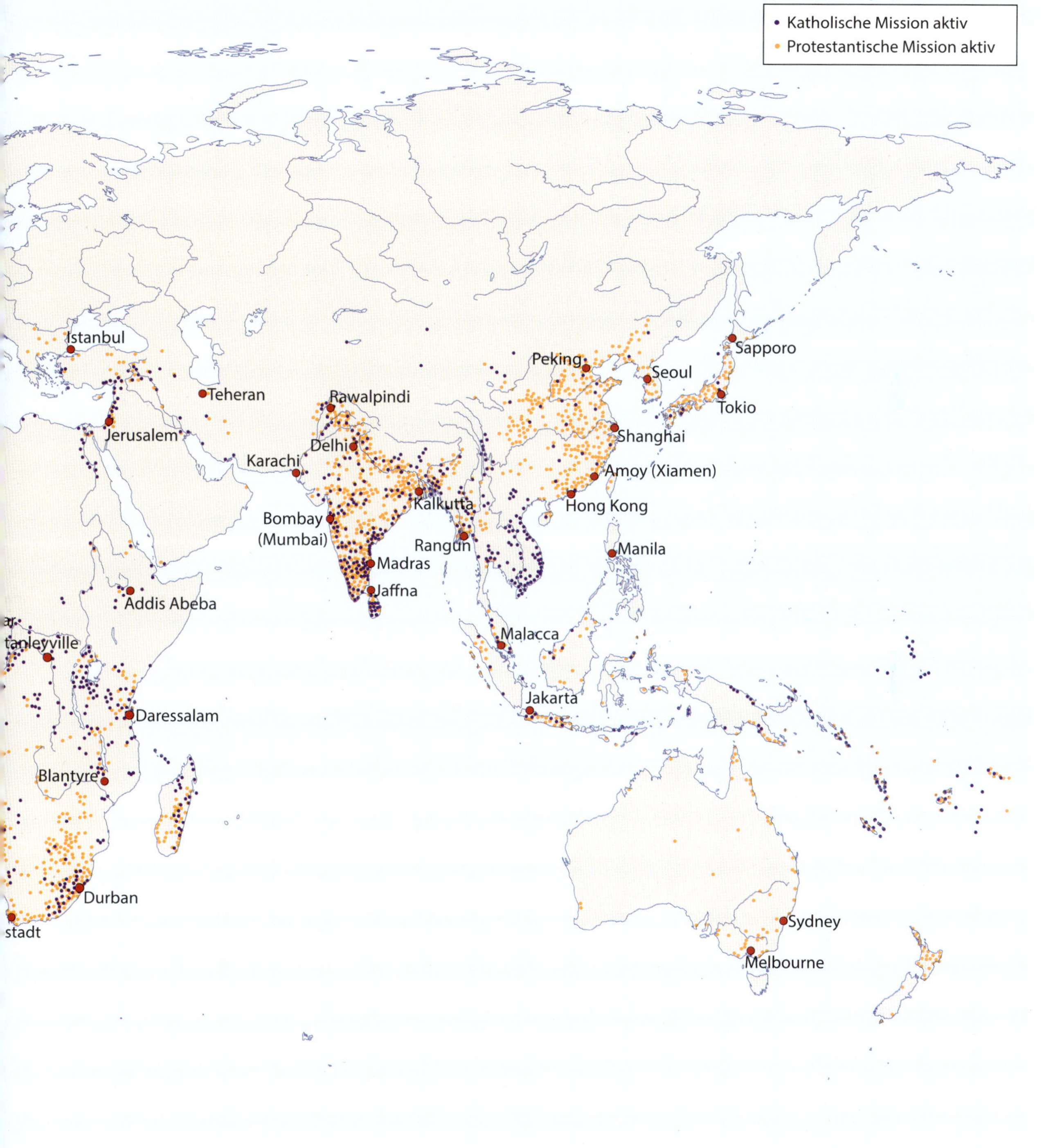
• Katholische Mission aktiv
• Protestantische Mission aktiv
Istanbul
Teheran
Jerusalem
Rawalpindi
Delhi
Karachi
Bombay (Mumbai)
Kalkutta
Madras
Jaffna
Rangun
Addis Abeba
Peking
Seoul
Sapporo
Tokio
Shanghai
Amoy (Xiamen)
Hong Kong
Manila
Malacca
Jakarta
Daressalam
Blantyre
Durban
stadt
Sydney
Melbourne

# Die Mormonen

**Die Kirche Jesu Christi der Heiligen der Letzten Tage (oder „Mormonen“, wie sie oft genannt werden) wurde 1830 von Joseph Smith Jr. (1805–1844) im amerikanischen Bundesstaat New York gegründet, ursprünglich unter dem Namen „Kirche Christi“. 1834 wurde daraus die „Kirche der Heiligen der Letzten Tage“ und 1838 die „Kirche Jesu Christi der Heiligen der Letzten Tage“. Im Jahr 2015 hatte die Kirche 15,5 Millionen Mitglieder, mehr als die Hälfte davon außerhalb der USA.**

Die Heiligen der Letzten Tage (HLT) bezeichnen ihre Kirche als eine Bewegung, in der „Wiederherstellung“ eine wichtige Rolle spielt: Gott hat Lehren, Praktiken und geistliche Ämter *wiederhergestellt*, die er kurz nach Jesu Lebzeiten zurückgenommen hatte, nachdem die Menschheit ungehorsam gewesen war.

1823 entdeckte der junge Joseph Smith Jr. versteckte, auf Metall niedergeschriebene Dokumente – die sogenannten „Goldplatten“ –, die die Geschichte von Menschen erzählten, die zur Zeit der alttestamentlichen Propheten aus dem Gelobten Land nach Nordamerika ausgewandert waren. Mithilfe der Orakel- und Lossteine Urim und Thummim (s. Ex 28,30), die er bei den Platten fand, übersetzte er die Aufzeichnungen. 1830 wurde dann das Buch Mormon herausgegeben.

Smith war ein charismatischer Anführer, und viele Menschen schlossen sich seiner Bewegung an. Jedoch wurde er während eines Gefängnisaufenthalts 1844 von einem Mob, der seinen religiösen Ansichten feindselig gegenüberstand, ermordet – ein Ereignis, dass die Mormonen als Martyrium ansehen. Nach einem kurzen Kampf um die Führung der Gruppe konnte Brigham Young (1801–1877) den Streit für sich entscheiden. Sein Rivale Sidney Rigdon, von dem einige glauben, dass er das Buch Mormon geschrieben habe, gründete 1845 seine eigene „Kirche Christi“ – die sog. Rigdoniten –, die unter der Bezeichnung „Kirche Jesu Christi (Bickertoniten)“ bis ins 21. Jahrhundert bestehen blieben. Nach Anfeindungen vor Ort führte Young die Mormonen nach Westen, bis sie im Juli 1847 im Great

## WEG DER MORMONENPIONIERE („MORMON TRAIL“

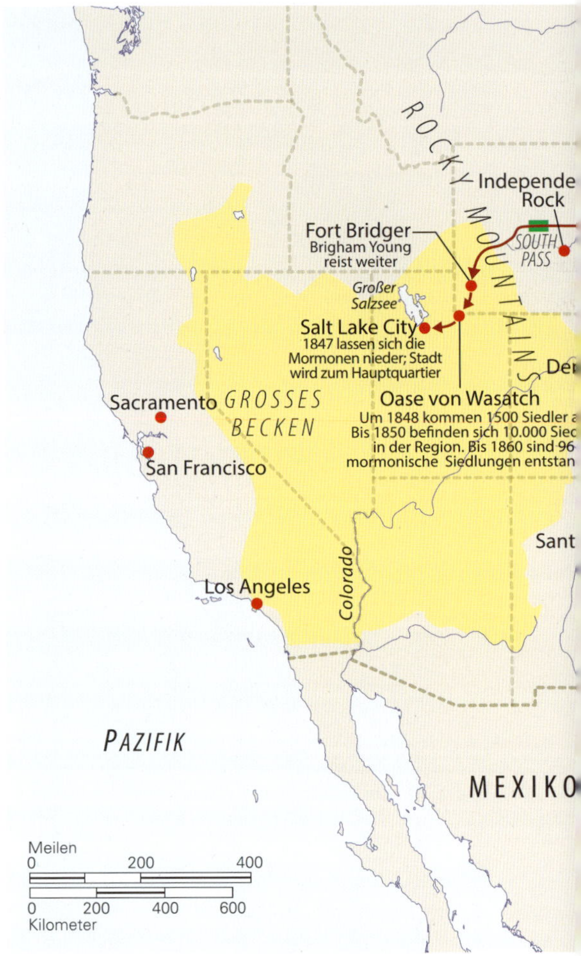


Salt Lake Valley in Utah ankamen. Nicht alle folgten ihm, da es auch einige Anhänger gab, die glaubten, dass die Führungsverantwortung an Joseph Smiths Sohn hätte gehen sollen. Diese Gruppe formierte sich später als die „Reorganisierte Kirche Jesu Christi der Heiligen der Letzten Tage“ neu und baute ihren Hauptstandort und Tempel in Indepedence in Missouri. Dieser Zweig des Mormonentums bewegt sich theologisch näher am christlichen Mainstream; 2001 benannte sie sich in „Gemeinschaft Christi“ um.

In Utah bereitete sich die Kirche Jesu Christi der Heiligen der Letzten Tage auf die Wiederkunft Christi vor. Wie bei vielem Protestanten hatte der

Glaube der Mormonen adventistische und milleniaristische Züge: Sie glaubten an die Rückkehr Jesu und seine tausendjährige Herrschaft mit seinen Heiligen. Sie waren auch der Überzeugung, dass Christus in den USA in Erscheinung treten würde.

Smith entwickelte einige Konzepte, die sich nicht im Buch Mormon finden und den Glaubensalltag seiner Anhänger nachhaltig veränderten. Einige waren abgestoßen von diesen neuen Lehren und Ritualen und verließen die Gruppe. Andere hielten diese Entwicklungen für die fortschreitende Offenbarung des Mormonentums. Ein Jahrzehnt nach der Gründung der Kirche führte Smith die Mehrehe ein, die jedoch am Ende es 19. Jahrhunderts wieder abgeschafft wurde. Heutzutage leisten viele Männer und Frauen bei den Mormomen zwei Jahre „Missionarsdienst", bevor sie die Universität besuchen oder heiraten. Im Jahr 2015 waren 74.000 Missionare weltweit für die HLT-Kirche im Einsatz. Seit der Entstehung dieser Praxis wird behauptet, dass mehr als eine Million Mormonen als Missionare tätig waren – einschließlich solch prominenter Mitglieder wie der amerikanische Präsidentschaftskandidat Mitt Romney (geb. 1947).

**Während des 18. Jahrhunderts durchlief die westliche Welt eine Zeit der politischen Unruhen, die große Auswirkungen auf die Zukunft des Christentums hatte. In Frankreich spielte die wachsende Feindseligkeit gegenüber dem Reichtum und der Macht der Kirche eine wichtige Rolle in der Entstehung der Französischen Revolution (1789). Obwohl die Revolution das Christentum nicht dauerhaft aus Frankreich verdrängte, war die entstehende gesellschaftliche Atmosphäre heikel. In ganz Europa versuchten andere Revolutionsbewegegungen dem Erfolg ihres französischen Vorbildes nachzueifern, was zu großen Schwierigkeiten für die Katholische Kirche führte, insbesondere in Italien.**

Auch auf der intellektuellen Ebene sah sich das Christentum mit neuen Herausforderungen konfrontiert. In den 1840er-Jahren postulierte der deutsche Philosoph Ludwig Feuerbach (1804–1872), dass der Gottesgedanke ledigliche eine Projektion des menschlichen Verstandes sei. Karl Marx behauptete, dass Religion von den Herrschenden als Instrument sozialer Kontrolle benutzt werde. Sigmund Freud (1856–1939) argumentierte, dass der Glaube lediglich eine Illusion und „Wunscherfüllung“ sei. In den 1920er-Jahren waren viele zu dem Entschluss gekommen, dass das Christentum intellektuell unhaltbar sei.

## Russland

In diesem Zeitraum entstanden auch weitere Schwierigkeiten für das Christentum, von denen die wahrscheinlich bedeutsamste die russische Oktoberrevolution (1917) war, die zu der Entstehung des ersten selbsternannten atheistischen Staates führte. Die Sowjetunion versuchte, Religion aus dem öffentlichen und privaten Leben zu tilgen, vor allem in den 1930er-Jahren. Der Sieg der Allierten über Nazi-Deutschland am Ende des Zweiten Weltkriegs führte dazu, dass große Teile Osteuropas unter sowjetischen Einfluss fielen und viele Staaten eine politisch antireligiöse Haltung annahmen.

**CHRISTENTUM WELTWEIT**

In Polen ebnete der Besuch von Papst Johannes Paul II. (Amt. 1978–2005), bei dem ein Drittel der Bevölkerung kam, um ihn zu sehen, und die Gründung der Solidarność-Bewegung den Weg für einen friedlichen Wechsel zu Demokratie und Religionsfreiheit. Diese Entwicklungen wirkten sich auch in anderen Teilen Osteuropas positiv aus. Mit dem Fall der Berliner Mauer 1989 entwickelte sich eine neue religiöse Offenheit in Russland und im früheren sowjetischen Einflussbereich; das Christentum – vor allem das ortho-

Karte 38

doxe – und der Islam erlebten ein Wiederaufblühen in diesen Ländern. Die derzeitige Orthodoxe Kirche in Russland schlägt sich oft in politischen Fragen auf die Seite des Staates und verfolgt eine theologisch und gesellschaftlich konservative Linie.

Trotz dieser Entwicklungen liegt das Epizentrum des modernen Christentums heute nicht mehr im christlichen Westen.

## Weltweite Expansion

Im 16. Jahrhundert begann ein Prozess, der einen entscheidenden Einfluss auf die Gestalt des Christentums hatte. Neben den aufkeimenden missionarischen Aktivitäten kamen auch die großen Auswanderungswellen des späten 16. Jahrhunderts aus Europa nach Nordamerika als wichtiger Faktor in der globalen Ausbreitung des Christentums hinzu. Heutzutage ist das Christentum vornehmlich der Glaube der Entwicklungsländer und nicht der „entwickelten Welt".

Obwohl europäische und amerikanische Missionare einen bedeutende Anteil bei der „Aussaat" des Christentums in Erdteilen wie Asien und Afrika hatten, sind diese heute überwiegend eigenständig. Die Kirchen Europas und Nordamerikas sind mit den Herausforderungen der Säkularisierung konfrontiert, während der Glaube in den verschiedensten Kulturen der nicht-westlichen Welt wächst. Während Mitte des 20. Jahrhunderts die Kolonialmächte schrumpften, wuchsen einheimische Formen des Christentums – ein Indikator, dass der Glaube Wurzeln in der örtlichen Kultur und Sprache geschlagen hatte.

Das außergewöhnliche Wachstum des Christentums in den Kontinenten der Südhalbkugel ist ein bisher nicht gesehenes Phänomen. Millionen von Christen und Christinnen haben sich dem Glauben zugewandt, der durch das Zusammenspiel mit den Kulturen Lateinamerikas, Afrikas und Asiens neue Formen annimmt. Zwar hatten Missionare aus dem Westen bei der Erstverkündigung des Evangeliums über sprachliche und kulturelle Barrieren hinweg eine wichtige Rolle gespielt, jedoch waren die eigentlichen Schlüsselpersonen bei der Ausbreitung des Glaubens einheimische Christen, die ihre neue Religion auf eine unerwartete und dynamische Weise praktizierten. Beispiele dafür sind etwa die zurückgeführten Sklaven, die in Westafrika evangelisierten, oder gewöhnliche Christen, die ihren Glauben teilen und neue Kirchen aufbauen, ebenso wie prophetisch begabte Prediger und Evangelisten, die ihren Glauben auf die Herausforderungen in ihrer Heimat anwenden und damit Massenbekehrungen auslösen.

Der geografische Schwerpunkt des Christentums hat sich verlagert, und seine Wurzeln sind nun tief im Boden nicht-westlicher Länder verankert. Dieser Wechsel beleuchtet die kulturellen und theologischen Unterschiede zwischen den verschiedenen Glaubenstraditionen und Kulturen. Ein Beispiel dafür ist die Frauenordination in der Anglikanischen Kirche, die von konservativen Anglikanern abgelehnt wird. Noch gravierender und spaltender ist die Haltung westlicher und nicht-westlicher Anglikaner gegenüber der Trauung gleichgeschlechtlicher Paare und der Ordination schwuler und lesbischer Geistlicher; für nicht-westliche Kulturen sind diese beiden Themen ein absolutes Tabu. Herausforderungen wie diese bedrohen die Einheit der Anglikanischen Kirche des frühen 21. Jahrhunderts.

Dieser Wechsel ist auch mit großem Kirchenwachstum in nicht-westlichen Ländern verbunden. In Südamerika bleibt die Katholische Kirche eine zahlenmäßig starke Denomination und hat durch die Wahl des argentinischen Papstes Franziskus (geb. 1936) neuen Einfluss hinzugewonnen. Jedoch sind dort auch einheimische Formen des pfingstlerischen Christentums rasant gewachsen, was sich an der Bekehrung von mehr als 40 Millionen Menschen festmachen lässt.

## Afrika

Während des 20. Jahrhunderts konnte das Christentum in Afrika ein bemerkenswertes Wachstum verzeichnen und ersetzt damit Europa und Nordamerika als Kernland des Christentums. Inzwischen haben die afrikanischen Kirchen ihre Mutterkirchen in Europa und Nordamerika hinsichtlich der Mitgliederzahlen überflügelt – was Veränderungen für die Katholische Kirche und die großen protestantischen Gruppierungen mit sich bringt. Auch unabhängige Kirchen sind in Afrika gewachsen, vor allem in den 1980er- und 1990er-Jahren, ebenswo wie viele charismatische Kirchen und Pfingstgemeinden.

## Asien

In Asien stellt sich die Situation anders dar. In vielen Ländern bleibt das Christentum eine kleine Minderheit, vor allem in den Gesellschaften, die stark von alten nichtchristlichen Religionstraditionen geprägt sind. Ausnahmen sind Südkorea – wo die wachsenden Kirchen einen großen missionarischen Eifer an den Tag legen –, Singapur und die Philippinen.

Das in den USA entstandene Wohlstandsevangelium, das Gläubigen weltlichen Erfolg verspricht, hat sich in Südkorea als besonders erfolgreich erwiesen. Dort hat auch ein weiteres amerikanischen Kirchenmodell großen Anklang gefunden: die „Megachurch". In Japan hat die kleine Gemeinschaft der Christen einige begabte Theologen und Schriftsteller hervorgebracht. Die Kirche in Indien hat damit begonnen, das Evangelium im Kontext einer stark hinduistisch geprägten Gesellschaft zu verkünden.

Nach der Ausweisung westlicher Missionare hat das Christentum in China seinen Ruf als ausländischer „Import" verloren und wird nun als einheimische Religion angesehen. Schätzungen über die Anzahl von Christen in China liegen zwischen 30 und 105 Millionen. Eindeutig sind aber die Indizien, dass chinesische Kirchen seit 1949 um das zehnfache gewachsen sind. Dies spiegelt teilweise den Einfluss der Hauskirchenbewegungen wieder, deren Zahl von 50.000 im Jahr 1970 auf 400.000 im Jahr 1995 gestiegen ist.

Higher Vision Church im kalifornischen Valencia

## Weltchristentum

Bis vor kurzem ging man noch davon aus, dass die Kirchenmodelle Europas und Nordamerika reibungslos auf andere Kontinente übertragen werden können, einschließlich der Theologie und Glaubenspraxis. Diese Annahme beruhte auf dem Glauben, dass das westliche Christentum frei von kulturellen Merkmalen sei und einen Absolutheitsanspruch besitze. Mit dem Aufkommen nichtwestlicher Kirchen musste diese Prämisse aufgegeben werden. Die Theologie kann in Kulturen, die relativ unberührt von der Moderne der westlichen Welt sind, unerwartete Züge annehmen. In einer Welt, die von der Globalisierung der Wirtschaft bestimmt wird, sind die nicht-westlichen Kirchen überwiegend die Kirchen der armen Bevölkerung. Die alten Einbahnstraßen-Missionsstrategien (aus dem Westen in den Rest der Welt) sind von komplexeren Strukturen abgelöst worden: Mission kann nun von überall her kommen und überall hingehen. Die großen Einwanderungswellen der letzten Jahre aus den Kontinenten der Südhalbkugel haben dazu geführt, dass nun „südliche" Formen des Christentums mehr in Erscheinung treten. Ein Beispiel dafür sind die etwa prophetisch-charismatischen „Storefront Churches" (dt. „Ladenzeilen-Kirchen"), die in den Stadtzentren vieler Großstädte der westlichen Welt entstanden sind, wo sie zu den größten und dynamischsten christlichen Gemeinden gehören.

# Teil 6

# Islam

# Mohammed

**Der Islam entstand nicht unter Nomaden, sondern unter Stadtbewohnern, unter Händlern. Gegen Ende des 6. Jahrhunderts v. Chr. hatten die Händler Mekkas ein Monopol auf allen Handel zwischen dem Indischen Ozean und dem Mittelmeer errichtet, den sie mit Kamelkarawanen entlang der arabischen Westküste betrieben. Mekka besaß auch ein Heiligtum: die Kaaba, ein altes Wallfahrtsziel. Das Areal rund um die Kaaba wurde als heilig angesehen. Jedoch führte der Wohlstand, der sich in Mekka ausbreitete, auch zu gesellschaftlichen Spannungen, vor allem unter den jungen Männern der Stadt.**

Mohammed wurde um 570 n. Chr. in Mekka geboren. 610 n. Chr. war das Jahr, in dem er anfing zu glauben, dass er göttliche Botschaften empfangen habe, die er seinen Mitbürgern verkünden solle. Diese Offenbarungen erhielt er im Lauf von 23 Jahren; sie wurden später gesammelt und zum Koran zusammengefasst. In diesen Botschaften wird gesagt, dass Gott der Einzige (Allah) sei und dass er gnädig und allmächtig sei. Allah erwarte von den Menschen, dass sie ihren Reichtum großzügig einsetzen. Am Ende der Tage würde er die Menschen aufgrund ihrer Taten richten und sie in den Himmel oder die Hölle schicken. In den Offenbarungen wird Mohammed selbst unterschiedlich dargestellt: manchmal als der Warnende, der den Menschen von der Strafe erzählt, die Gott für Sünder bereithält, manchmal auch als Prophet oder Botschafter Gottes. Mohammed glaubte, dass es die Worte Gottes seien, die ihm von einem Engel mitgeteilt worden waren. Er gewann eine Handvoll Anhänger, die sich regelmäßig zum gemeinsamen Gebet trafen. Die Händler Mekkas störten sich jedoch an der Kritik ihrer Praktiken. Sie beriefen sich auf alte heidnische Götter, während Mohammed von einem einzigen Gott sprach.

### Auszug nach Medina

Mohammeds Anhängerschaft sah sich schon bald Verfolgungen ausgesetzt – oft durch ihre eigenen Verwandten –, sodass es zunehmend unmöglich für ihn wurde, in Mekka zu bleiben. 622 n. Chr. wanderten er und 70 Männer sowie ihre Familien in die nahegelegene Stadt Medina aus, die inmitten einer fruchtbaren Oase erbaut worden war. Dieser Auszug, die sog. *Hidschra,* stellt den Beginn der islamischen Zeitrechnung dar. Die Einwohner Medinas zerfielen in zwei verfeindete Gruppe, von denen die größere Mohammed als Prophet annahm und ein Bündnis mit den Auswanderern aus Mekka schloss.

In Medina nahm der Islam als Religion Form an. Die wichtigsten Ritualhandlungen, für die Mohammeds Handeln als Vorbild diente, waren das Gebet, das Verteilen von Almosen, das Fasten während des Ramadan-Monats und die Wallfahrt nach Mekka, einschließlich des Besuchs von Zeremonien in nahegelegenen Orten.

Anfänglich besaß Mohammed keinen besonderen politischen Einfluss in Medina, außer der Tatsache, dass er der Anführer der Auswanderer aus Mekka war. Jedoch wurden seine Anhänger, die mittlerweile „Muslime" genannt wurden, nach ein oder zwei Jahren in einen feindseligen Konflikt mit den Heiden aus Mekka verwickelt. Bis 630 n. Chr. war Mohammed mächtig genug, um Mekka einnehmen zu können. Er behandelte seine Feinde großzügig und konnte die meisten für den Islam gewinnen. Daraufhin schlossen sich viel andere Stämme aus ganz Arabien seinem Bündnis an und wurden Muslime. Aufgrund seines Erfolgs zweifelte niemand Mohammeds Autorität als Staatsoberhaupt an.

## DIE REISEN DES MOHAMMED

Karte 39

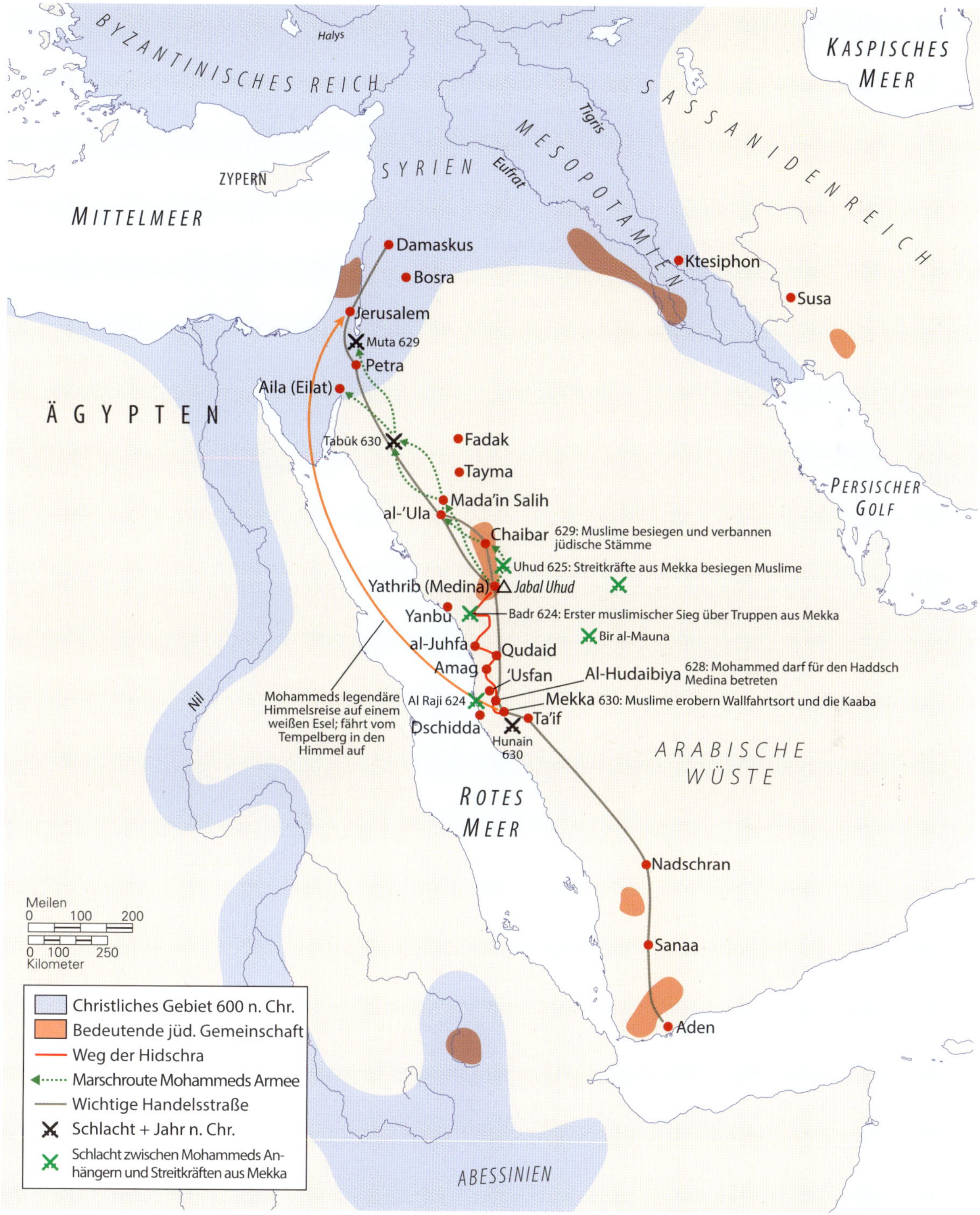

# Das frühe Wachstum des Islam

**Mohammed starb im Jahr 632 n. Chr. und hinterließ eine Religion und einen Staat. Er wurde beerbt von Abu Bakr (um 573–634 n. Chr.), der sog. „Kalif“ bzw. „Nachfolger“ und „Stellvertreter“ Mohammeds. Mohammed und die anderen Kalifen organisierten erfolgreiche Raubzüge nach Syrien und Ägypten.**

In der Region herrschte zeitweise ein Machtvakuum, da die beiden großen Reiche – das byzantinische und das persische – 50 Jahre lang nahezu andauernd im Krieg miteinander gelegen hatten und nun erschöpft waren. Im Laufe einiger entscheidender Schlachten konnten die Muslime jeden Widerstand überwinden, den die beiden Reich ihnen entgegensetzten konnten. Die muslimischen Armeen kehrten jedoch nicht nach Medina zurück, sondern drangen weiter vor. Innerhalb von 12 Jahren nach Mohammeds Tod hatten sie Ägypten, Syrien und den Irak eingenommen und waren auf dem Vorschmarsch nach Libyen und den östlichen Teile des heutigen Iran. Die byzantinischen und persischen Statthalter flohen und die Muslime schlossen Verträge mit den Einwohnern, die sie zu „geschützten Minderheiten“ machten. Diese Gruppen kümmerten sich um ihre eigenen zivilen Belange, zahlten aber einen Tribut oder Steuern an den muslimischen Statthalter. Der Status der geschützten Minderheit war jedoch den *Ahl al-kitāb,* den „Völkern der Schrift“, vorbehalten: Gläubige, die an einen Gott glaubten und eine heilige Schrift besaßen, wie Juden und Christen.

## AUSBREITUNG DES ISLAM UM 750 N. CHR.

### Die Islamische Expansion

Mit Ausnahme einiger Jahre, die von inner-religiösen Auseinandersetzungen geprägt waren, dauerte die Expansion ein Jahrhundert lang an. Im Westen umfasste das muslimische Gebiet Nordafrika bis zur Atlantikküste, einschließlich Spaniens und – für kurze Zeit – die Narbonne in Südfrankreich. 732 n. Chr. wurde dort ein Angriffszug in der Schlacht von Tours von einem fränkischen Heer abgewehrt. Die muslimischen Armeen erreichten auch Konstantinopel, konnten aber nicht in Kleinasien Fuß fassen. Nach der Eroberung Persiens und Afghanistans drangen sie bis nach Zentralasien zum Indus vor. Bis zum Jahr 750 n. Chr. war das gesamte Gebiet ein einziger Staat unter der Herrschaft der Kalifen der Ummayaden-Dynastie. Die meisten Einwohner der eroberten Gebiete wurden nicht direkt zum Islam bekehrt, sondern zu geschützten Minderheiten erklärt. Obwohl die militärischen Feldzüge als „Heilige Kriege“ (*jihads*) bezeichnet wurden, ging es dabei um Beutezüge und nicht um die Gewinnung von

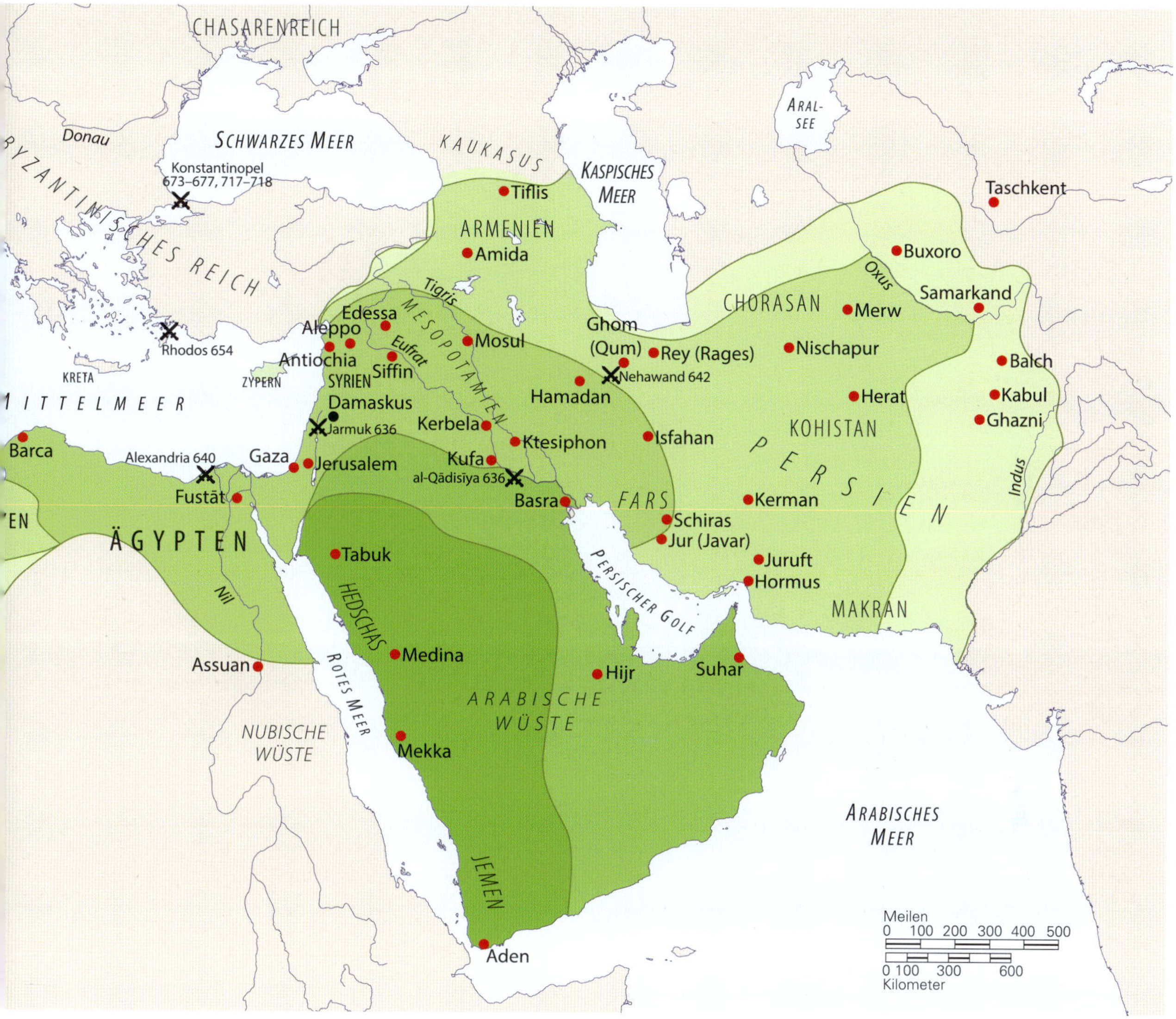


Konvertiten. Die geschützten Minderheiten wurden größtenteils gut behandelt. Jedoch fühlten sich die Mitglieder dieser Minderheiten als Bürger zweiter Klasse. Deshalb kam es über die Jahrhunderte zu einem stetigen Fluss an Übertritten zum Islam. So wurde der Islam zu der dominanten Religion in Gebieten, die vorher das Heimatland des Christentums gewesen waren. Ab dem 7. Jahrhundert war auch der Zoroastrismus, die offzielle Religion des Persischen Reichs, im Niedergang, und die Konversion zum Islam verlief schnell. Im Jahr 750 n. Chr. endete die in Damaskus beheimatete Ummayaden-Dynastie, und die Dynastie der Abbasiden übernahm von Bagdad aus die Herrschaft für die folgenden 500 Jahre. Die Herrschaft der Ummayaden war eine Zeit des Wachstums gewesen, die ersten Jahrhunderte der abbasidischen Herrschaft sollten eine Phase der Konsolidierung und Festigung der Herrschaft werden.

# Islam auf dem indischen Subkontinent

**Der Islam erreichte Indien auf zwei Wegen: aus dem Süden, wo arabische Händler schon in vor-islamischer Zeit Kolonien an der Südwestküste Indiens gegründet hatten, und aus dem Norden über die islamischen Eroberungsfeldzüge in Zentralasien. Sindh im Norden war von großer Bedeutung für die weitere Verbreitung des Islam: Von dort aus wurde die islamische Religion nach Punjab und Gujarat getragen.**

*Masjid Sabz*, oder „Grüne Moschee", in Balch in Afghanistan

Ab dem 11. Jahrhundert wurden die Durchdringungsversuche des Islam immer konstanter. Die türkische Ghaznawiden-Dynastie unter Sultan Mahmud (971–1030) begann von Ghazni aus immer weiter vorzudringen. Die hinduistischen Herrscher Delhis, Kalinjars, Ajmers und anderer Städte schlossen sich zu einem Bündnis zusammen, um sich Mahmud entgegenzustellen, wurden jedoch bei der Schlacht von Waihind (1008) besiegt. Mahmud führte mehrere Feldzüge durch, die in der Eroberung Somnaths gipfelten. Jedoch besetzte er nur die Region Punjab. Nach den Ghaznawiden trugen andere Dynastien den Islam in neue Gebiete. 1212 kontrollierte die Ghuriden-Dynastie den Großteil der ghaznawidischen Territorien und hatte zuvor ihren Einflussbereich bis nach Bengalen im Osten ausgeweitet. Später verteidigte die afghanische Khilji-Dynastie das Gebiet gegen die wiederholten Angriffe der Mongolen. Sie besaßen unter der Führung des großen Sultans Ala Ud-Din Khilji (Reg. 1296–1316) ein Gebiet, das bis nach Madurai im Süden reichte. Die turko-indischen Tughluqiden expandierten weiter nach Süden und Osten, jedoch begann sich das ausgedehnte Reich schrittweise in unabhängige muslimische Fürstentümer aufzulösen. Der Subkontinent wurde erst unter den Mogulen im 17. Jahrhundert wieder zu einem Reich vereint. Jedoch schrumpfte das Mogulreich (1526–1858) in den 1770er-Jahren wieder auf die Größe einer kleinen Provinz rund um die Stadt Delhi. Seine Bedeutung erstarkte 1947 neu, als die Briten sich aus Indien zurückzogen. Seit diesem Zeitpunkt konsolidierte der neu entstandene muslimische Staat von Pakistan seine Beziehungen zu Persien und dem Nahen Osten.

Die muslimischen Herrscher Indiens waren im Allgemeinen tolerant gegenüber anderen Religionen, da eine Massenbekehrung der großen hinduistischen Bevölkerung unmöglich war. Weitreichende Konversionen gab es nur in Punjab und Bengalen. Hindus und Muslime lebten manchmal harmonisch, manchmal nicht harmonisch zusammen. Obwohl der Islam meistens stark von Staatsseite propagiert wurde, waren es die missionarischen Aktivitäten der Sufi-Orden, die die schnelle Ausbreitung des Islam ermöglichten.

## ISLAMISCHE EXPANSION IN INDIEN

Karte 41

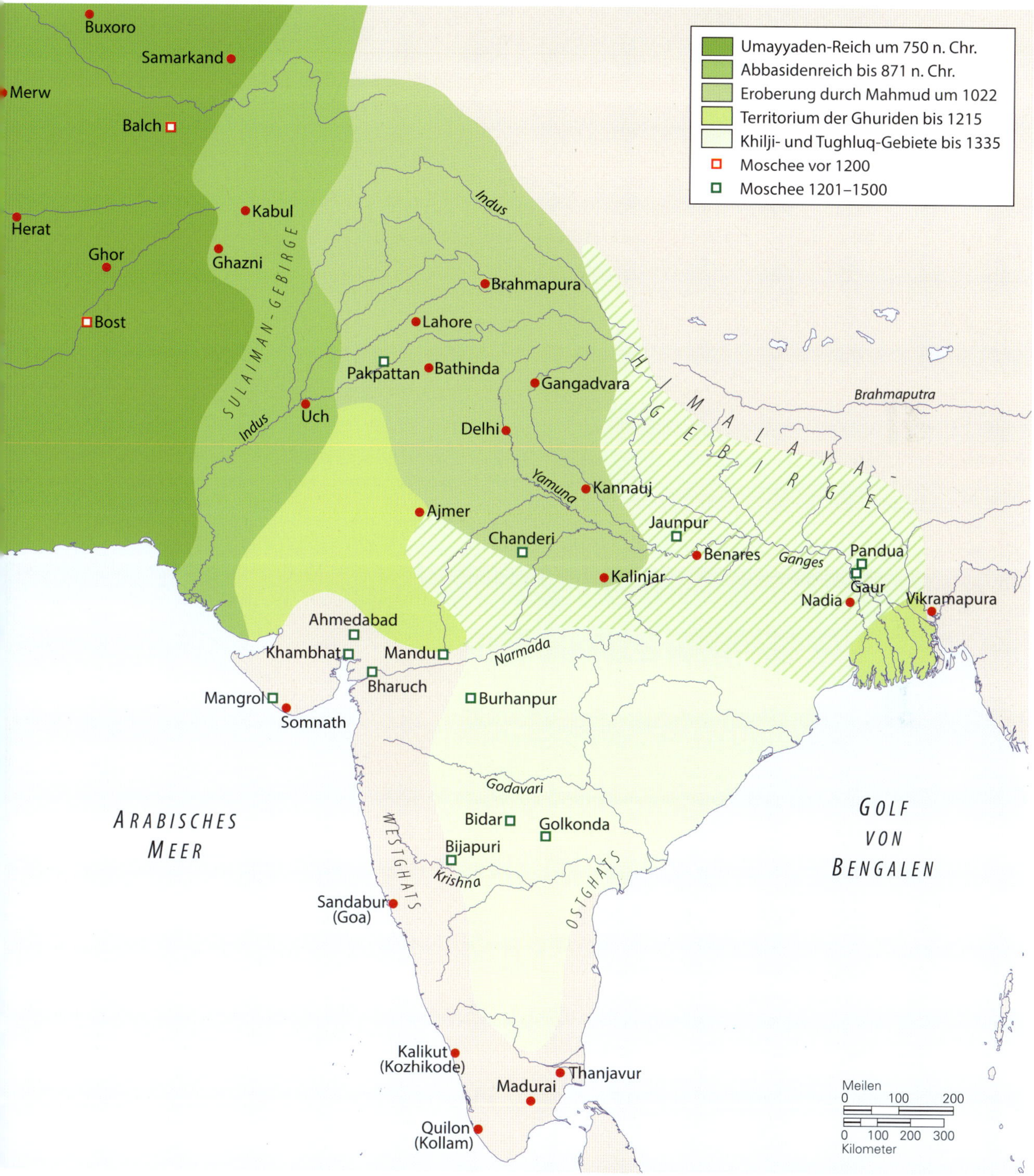

# Der Islam in Südostasien

**In Südostasien konnte der Islam über den Handel, der vom 12. bis zum 15. Jahrhundert unter arabischer Kontrolle war, Fuß fassen. Danach nahmen die Portugiesen den Welthandel auf.**

Beginnend mit dem 14. Jahrhundert wendeten sich Lokalherrscher in Südostasien dem Islam zu. Innerhalb von zwei Jahrhunderten war die gesamte Region zum Islam konvertiert. Mitte des 15. Jahrhunderts war Malakka das Haupthandelszentrum Südostasiens und der Ausgangspunkt für die weitere Ausbreitung des Islam, der von da an eng mit dem Staat Malaysia und dessen Hauptsprache assoziiert wurde, dem Malaysischen. Der Übertritt der Herrscher Malakkas zum Islam führte dazu, dass ähnliche Sultanate auf der malaiischen Halbinsel und auf entfernteren Inseln wie Jolo, Ternate und Tidore ausgerufen wurden.

Es gibt jedoch auch Indizien, dass es schon vor dem 14. Jahrhundert Konversionen zum Islam in Sumatra und in anderen Teilen der Region gab. Das Fragment einer Inschrift auf dem sog. Terengganu-Stein (datiert zwischen 1302 und 1387) scheint auf einen Herrscher hinzudeuten, der bereits zu dieser Zeit die Vorrangstellung des islamischen Gesetzes ausgerufen hatte.

Massenkonversionen zum Islam in der Region hatten unterschiedliche Auslöser: missionarische Bemühungen von Sufi-Orden, politischer Opportunismus und Gehorsam gegenüber den muslimischen Sultanen, der lang bestehende und wiederholte Kontakt mit muslimischen Händlern und ein Wiederaufblühen islamischer Missionsbemühungen nach der Ankunft christlicher Missionare, die gemeinsam mit den Portugiesen kamen.

Heutzutage ist der Islam die am großflächigsten praktizierte Religion in der Region. In Malaysia und in Brunei ist er Staatsreligion. Der Großteil der Bevölkerung in diesen beiden Ländern, wie auch in Indonesien, besteht aus Muslimen.

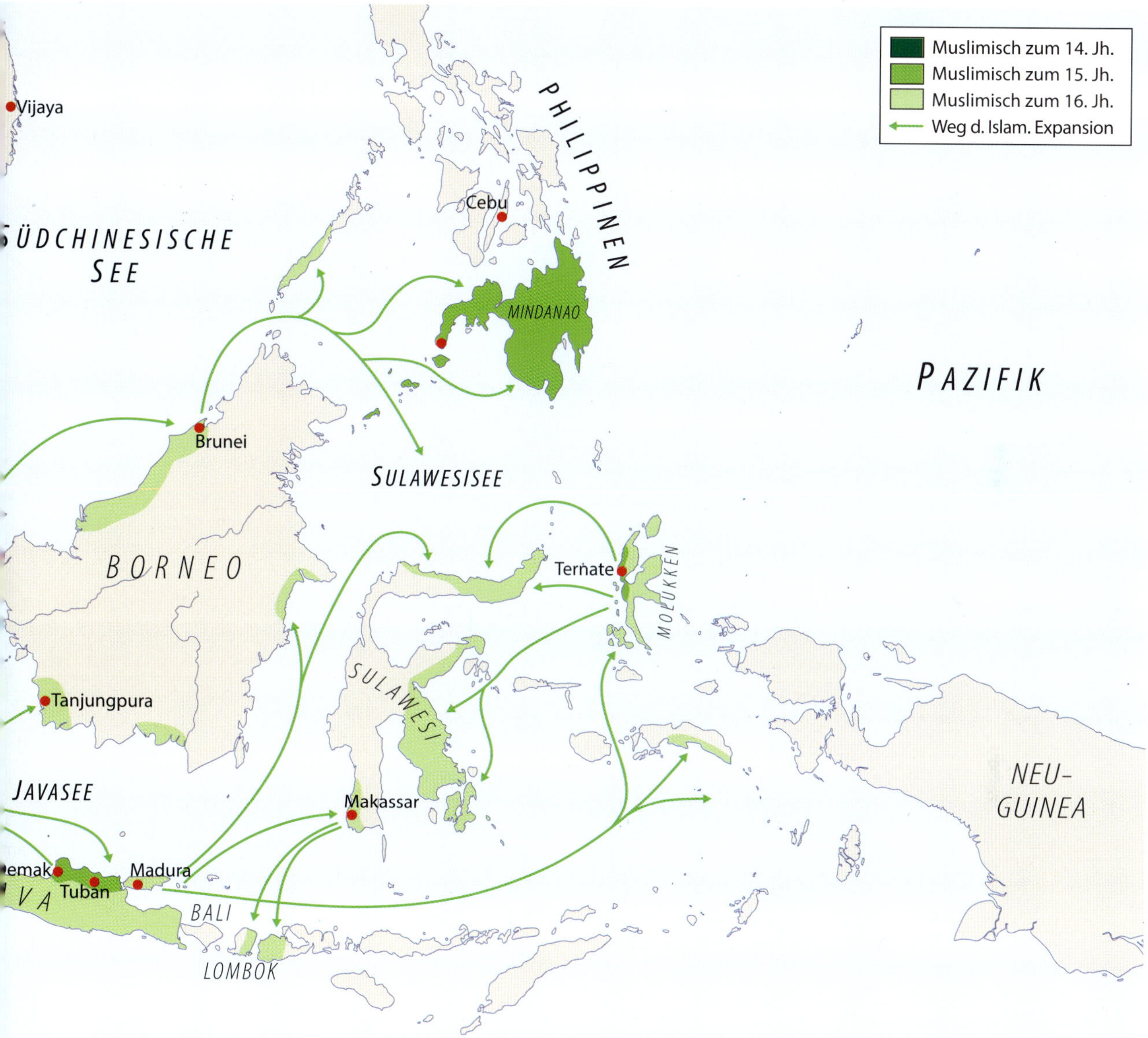
Muslimisch zum 14. Jh.
Muslimisch zum 15. Jh.
Muslimisch zum 16. Jh.
Weg d. Islam. Expansion
Vijaya
PHILIPPINEN
Cebu
SÜDCHINESISCHE SEE
MINDANAO
PAZIFIK
Brunei
SULAWESISEE
BORNEO
Ternate
MOLUKKEN
SULAWESI
Tanjungpura
NEU-GUINEA
JAVASEE
Makassar
Madura
Tuban
BALI
LOMBOK

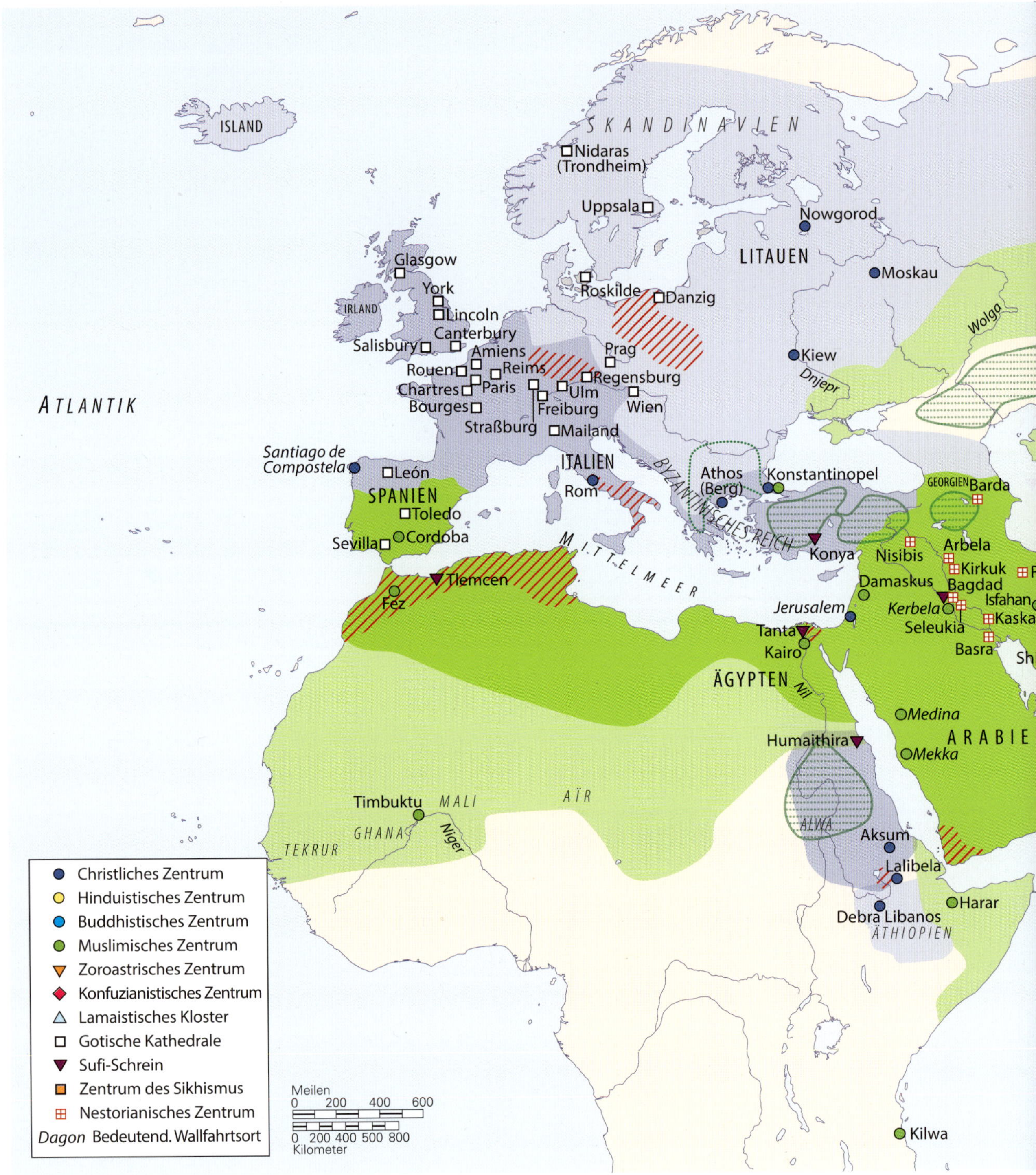
ISLAND
SKANDINAVIEN
Nidaras (Trondheim)
Uppsala
Nowgorod
LITAUEN
Moskau
Glasgow
York
IRLAND
Lincoln
Canterbury
Salisbury
Roskilde
Danzig
Amiens
Rouen
Reims
Prag
Kiew
Chartres
Paris
Regensburg
Ulm
Bourges
Freiburg
Wien
Wolga
Dnjepr
ATLANTIK
Straßburg
Mailand
Santiago de Compostela
León
ITALIEN
Athos (Berg)
Konstantinopel
GEORGIEN
Barda
SPANIEN
Rom
BYZANTINISCHES REICH
Toledo
Sevilla
Cordoba
MITTELMEER
Konya
Nisibis
Arbela
Kirkuk
Tlemcen
Damaskus
Bagdad
Fez
Isfahan
Jerusalem
Kerbela
Kaska
Seleukia
Tanta
Kairo
Basra
ÄGYPTEN
Nil
Medina
Humaithira
ARABIE
Mekka
Timbuktu
MALI
AÏR
GHANA
Niger
ALWA
TEKRUR
Aksum
Lalibela
Harar
Debra Libanos
ÄTHIOPIEN
Kilwa
Christliches Zentrum
Hinduistisches Zentrum
Buddhistisches Zentrum
Muslimisches Zentrum
Zoroastrisches Zentrum
Konfuzianistisches Zentrum
Lamaistisches Kloster
Gotische Kathedrale
Sufi-Schrein
Zentrum des Sikhismus
Nestorianisches Zentrum
Dagon Bedeutend. Wallfahrtsort
Meilen
0 200 400 600
0 200 400 500 800
Kilometer

Buddhistisch im Jahr 750
Zum Buddhismus konvertierte Heiden 750–1450
Zum Hinduismus zurückgekehrte Buddhisten
Gebiete mit hoher jüdischer Bevölkerungsdichte
Christlich im Jahr 750
Zum Christentum konvertierte Heiden 750–1450
Hinduistisch im Jahr 750
Muslimisch im Jahr 750
Zum Islam konvertierte Heiden 750–1450
Zum Islam konvertierte Anhänger anderer Weltreligionen
Vom Islam eroberte, aber nicht konvertierte Gebiete anderer Weltreligionen
China 750–1450: Buddhismus, Konfuzianismus & Daoismus
Korea 750–1450: Buddhismus, Konfuzianismus
Manichäismus
Heidnisch
Erdene Dsuu
Olmaliq
Yasi (Türkistan)
Hami
Sudji
Buxoro
Samarkand
Kaxgar
Tangut
Datong
Peking
Liaoyang
Merw
Hotan
Kumbum
KOREA
schapur
Herat
KASCHMIR
TIBET
Tashi Gompa
Xi'an
Luoyang
Gyeongju
Nara
JAPAN
Fuji (Berg)
GELBES MEER
Heian
Kumano
RSIEN
Nankana Sahib
Gartok
Gangotri
Kailash (Berg)
Bargo
Chang'an
Kaifeng
Nanjing
Yangzhou
Dege Gönchen
Thanesar
Hardwar
Sakya
Lhasa
Hangzhou
Delhi
Indus
Gompa
Gyantse
Jangtse
CHINA
NEPAL
Ajmer
Ayodhya
Prayaga
Varanasi
Khajuraho
Nalanda
Bodhgaya
Guangzhou
INDIEN
Somnath
Bhubaneswar
PAZIFIK
Diu
Thana
Bagan
Kalyan
Konark
ARABISCHES MEER
GOLF VON BENGALEN
Bago
Dagon
Indrapura (Đà Nẵng)
Vijayanagar
Ayutthaya
Angkor
Cranganore (Kodungallur)
Mamallapuram
SÜDCHINESISCHE SEE
Madurai
Polonnaruva
SRI LANKA
INDISCHER OZEAN
Pasai
Malakka
BORNEO
SUMATRA
JAVASEE
JAVA
Borobudur
Bali

# Der Islam in Afrika

**Der Islam drang über unterschiedliche Wege in den afrikanischen Kontinent vor: durch Eroberung, Handel, Auswanderung und aktive Missionierung. Auf die militärische Inbesitznahme Ägyptens und eines Großteils von Nordafrika im 7. und 8. Jarhundert folgte der allmähliche Übertritt der Berber-Bevölkerung zum Islam.**

Vom 11. bis zum 14. Jahrhundert breitete sich der Islam über die Handelsrouten zwischen West- und Nordafrika durch die Sahara nach Westafrika und entlang des Nils in den Sudan aus. Berberische Konvertiten – die später als „Almoraviden" bezeichnet werden sollten – aus der Region zwischen Marokko und dem Senegal eroberten Marokko und drangen nach Spanien vor, wo sie die christlichen Herrscher bekämpften und die Halbinsel fast ein Jahrhundert lang beherrschten (1086–1147). In Ostafrika brachten arabische Seefahrer den Islam in die Küstengebiete des Kontinents. Einige von ihnen ließen sich dort nieder und gründeten Küstenstädte wie Sofala und Kilwa, die zu wichtigen Häfen im Goldhandel wurden. Zwischen dem 16. und 18. Jahrhundert waren muslimische Gelehrte, Sufis und muslimische Händler rege an der Staatenbildung in Afrika beteiligt. Es entstanden muslimische Fürstentümer wie das Sultanat der Fung und das Königreich Kanem-Bornu, das sich zu einer großen Handels- und Militärmacht im späten 16. Jahrhundert entwickelte. Der einflussreichste Staat im Sahara-Gebiet Afrikas war das Songhai-Reich, das seit 1493 muslimisch war und den Goldhandel durch die Sahara bis zum frühen 17. Jahrhundert kontrollierte. In diesem Zeitraum wanderten muslimische Malayen und Javaner aus Niederländisch-Indien nach Südafrika aus, insbesondere in das Gebiet rund um Kapstadt. Sie waren die ersten Muslime, die sich in Südafrika niederließen.

Im 18. Jahrhundert riefen einige von militanten Muslimen angeführte Sufi-Orden (insbesondere die Qādirīya und die Tidschānīya) einen Dschihad aus und übernahmen die politische Kontrolle in ihren Ländern, mit dem Ziel, einen „reinen" muslimischen Staat zu bilden. Beispiele sind das Sokoto-Kalifat von 1804 unter Usman dan Fodio und der Staat unter der Herrschaft des „Madhi" im Ostsudan (1882–1896) – beides Produkte einer islamischen Erneuerungsbewegung, die gegen die Kolonialherren kämpften.

In neuerer Zeit ist der Islam in Afrika wieder stärker geworden, teilweise als Reaktion auf den Säkularismus. Islamische Missionsbemühungen, bei denen oft einheimische Missionare eingesetzt werden, haben großen Erfolg. Die Nähe des Islam zu traditionellen afrikanischen Glaubensstrukturen, wie etwa der Glaube an gute und böse Geister, der dem islamischen Glauben an Dschinns ähnelt, ist ein weiterer Grund für den Erfolg der islamischen Mission. Die Auswanderungswellen aus Süd- und Südostasien nach Ostafrika sowie die vor Idi Amins (Reg. 1971–1979) „Asiatenverfolgung" nach Südafrika fliehenden Muslime aus Uganda haben zu der Vielfalt des Islam auf dem Kontinent beigetragen. Unter den Einwanderern finden sich sunnitische Schāfi'iten (Anhänger einer bestimmten sunnitischen Rechtssschule), Schiiten und Ahmadis aus Pakistan.

# DIE AUSBREITUNG DES ISLAM IN AFRIKA

Karte 44

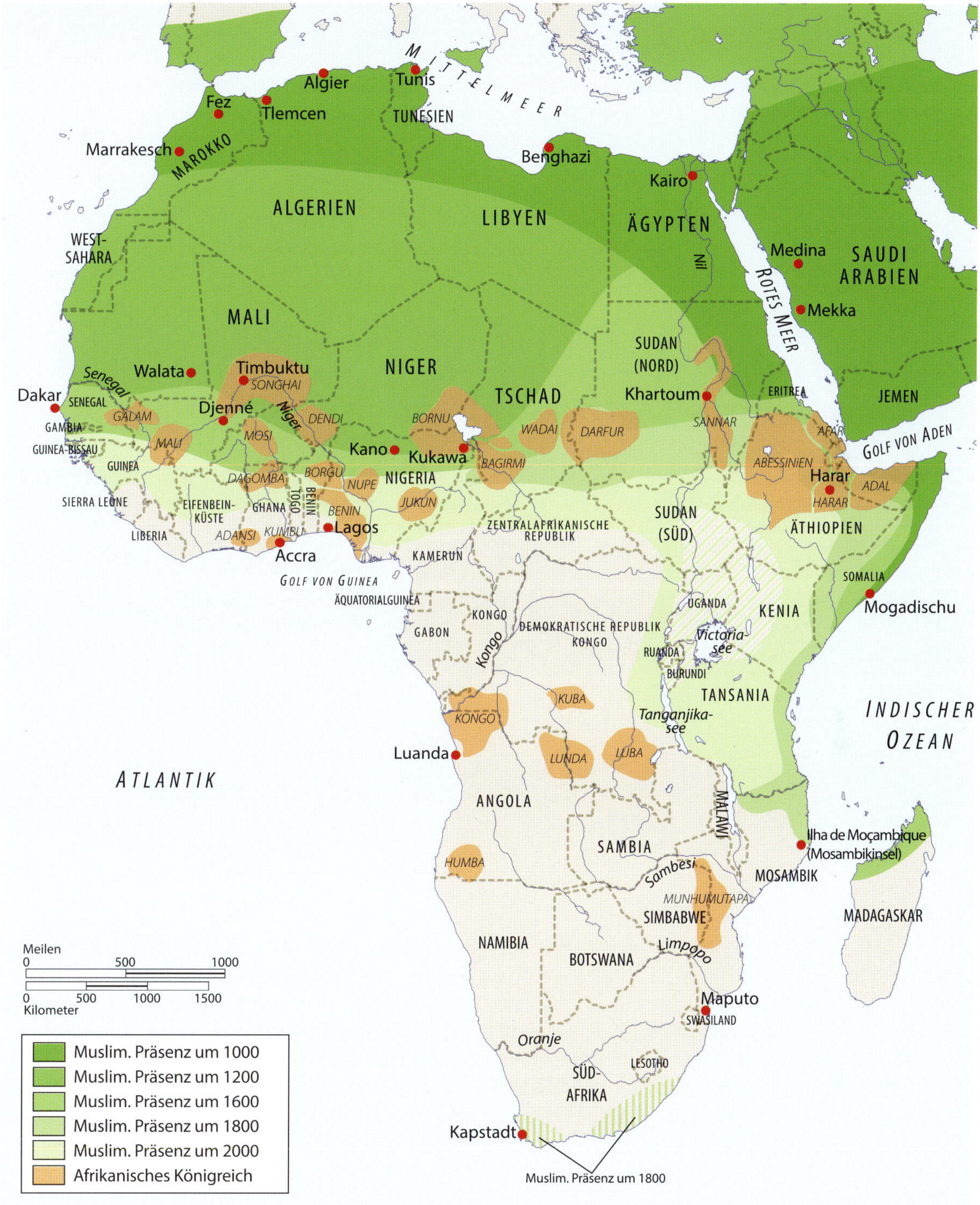

## MUSLIMISCHE VÖLKER IM HEUTIGEN ASIEN

**Seit dem Mittelalter waren die Landstriche zwischen dem Schwarzen Meer, dem Kaspischen Meer und China durch Handelsstraßen miteinander verbunden gewesen: die Wolga und die Seidenstraße nach China. Der Islam entwickelte sich entlang dieser Routen, manchmal durch Eroberungsfeldzüge, hauptsächlich jedoch durch Handelsbeziehungen und Sufi-Missionare. In der heutigen Zeit sind die Muslime dieser Länder politisch miteinander verbunden, da die meisten der Staaten unter sowjetischer oder chinesischer kommunistischer Herrschaft waren. Seit dem Zusammenbruch der Sowjetunion 1991 haben religiöse Aktivitäten einen neuen Aufschwung erlebt und neue muslimische Länder sind entstanden.**

Karte 45

Zwischen dem 7. und 9. Jahrhundert breitete sich der Islam durch Eroberung nach Zentralasien und in den Kaukasus aus, später dann auf friedliche Art und Weise, durch Handelsbeziehungen. Bis zum 12. Jahrhundert hatte sich der Islam vom Uralgebirge bis ins heutige Kasachstan, Kirgisistan und Xinjiang ausgbreitet. Um das 16. Jahrhundert erstreckte sich das islamische Gebiet sogar bis in die Eurasische Steppe nördlich des Schwarzen Meeres und des Kaspischen Meeres.

Als das Russische Reich zwischen dem 14. und 19. Jahrhundert expandierte, wurden muslimische Gebiete einverleibt. Mit Ausnahme von Katharina der Großen (Reg. 1762–1796) gestatteten russische Herrscher den Muslimen keine religiösen Rechte. Sufistisch inspirierte Dschihad-Bewegungen wie die von Imam Schamil (Reg. 1834–1859) und Usun Haddschi († 1920) lehnten sich gegen die russische Herrschaft im Nordkaukasus auf.

Die Oktoberrevolution im Jahr 1917 brachte eine anti-religiöse politische Ausrichtung mit sich; eindeutige muslimische Rituale und Praktiken wurden verboten, Moscheen zerstört und muslimische Schulen und Hochschulen verboten. In den 1950er- und 1960er-Jahren wurden die anti-religiösen Kampagnen weiter verschärft. Während der späten 1980er-Jahre erlaubte Michail Gorbatschows (*1931) *Glasnost*-Politik („Offenheit") mehr Glaubens- und Meinungsfreiheit, was den Beginn eines religiösen Aufschwungs für den Islam einläutete. 1991 hatten sich die muslimischen Staaten Kasachstan, Usbekistan, Tadschikistan, Kirgisistan und Aserbaidschan zu eigenständigen Staaten entwickelt. Die meisten Muslime im südlichen Russland, in Zentralasien und im Kaukasus sind Sunniten und folgen der hanafitischen Rechtsschule. Die meisten Dagestaner, Tschetscheno-Inguschen, und einige Kurden sind Anhänger der schafitischen Rechtsschule. Es gibt Schiiten unter den Tadschicken, Usbeken, Belutschen, Aseri (Aserbaidschaner) und Tāt. Es gibt Ismailiten, insbesondere im Pamir-Gebirge in Zentralasien, und einige Anhänger des Bahai in Südrussland, Aserbaidschan und Turkmenistan. Sufi-Orden sind vor allem in Zentralasien und im Nordkaukausus bedeutend.

### Der Islam in China

Die genaue Anzahl chinesischer Muslime ist nicht bekannt, was teilweise darin begründet ist, dass die kommunistische Regierung Chinas eine repressive Haltung gegenüber dem Islam hat.

Verzierte Mihrāb (Gebetsnische) der Kalon-Moschee im usbekischen Buxoro

Die beiden wichtigsten Gruppen sind die Hui, die tibetisch und mongolisch sprechen, und die Uighuren, die eine Turksprache sprechen.

Die ersten muslimischen Siedler in China waren Händler, die ab dem 7. Jahrhundert ins Land kamen. Diejenigen, die über den Seeweg kamen, ließen sich in der südöstlichen Küstenregion, in der Gegend des heutigen Guangzhou (Kanton), nieder. Diejenigen, die über die Seidenstraße kamen, siedelten sich in Xinjiang an; einige von ihnen reisten weiter in Richtung des heutigen Chang'an und machten oft Halt in Lanzhou. Diese frühen Siedler umfassten Araber, Perser und Mongolen. Während der mongolischen Yuan-Dynastie (1279–1368) gab es weitere Einwanderungswellen nach China, als die Muslime Handel mit Zentralasien betrieben. Die Ursprünge der ersten muslimischen Gemeinschaft in der Provinz Yunnan lassen sich in diese Ära zurückverfolgen. Die Ming-Dynastie (1368–1644) war im Allgemeinen tolerant gegenüber Muslimen und förderte die Assimiliation der Einwanderer. Im späten 17. Jahrhundert breitete sich der Sufismus stark aus, der aus Zentralasien

über die Haupthandelsstraßen ins Land gebracht wurde.

Die Expansion der Qing-Dynastie in zentralasiatische Regionen löste Aufstände der Muslime aus, die ihre Identität behaupten wollten und jeglichen Kompromiss mit den einheimischen Religionen ablehnten. Die Qing schlugen die großen Aufstände des 19. Jahrhunderts in Yunnan und Nordwestchina brutal nieder. Die Muslime aus diesen Landesteilen erhielten ihre Autonomie erst nach dem Fall der Qing-Dynastie zurück.

Die Haltung der Volksrepublik China gegenüber den Muslimen schwankte immer wieder zwischen Toleranz und radikaler Ablehnung. Während der Kulturevolution (1966–1976) wurden Muslime in der Provinz Yunnan sowohl auf der Grundlage anti-religiöser als auch anti-ethnischer politischer Richtlinien verfolgt. Die Zunahme militanter, islamistischer Tendenzen, vor allem im Nordwesten Chinas, hat dazu geführt, dass das chinesische Militär dort eine stärkere Präsenz zeigt. Die Region hat sich wirtschaftlich und militärisch zu einem wichtigen strategischen Punkt entwickelt, hauptsächlich wegen der dort liegenden Bodenschätze und der Handelsverbindungen nach Zentral- und Mittelasien und in den Westen.

Uighuren außerhalb der Heytgah-Moschee, gegen Ende des Ramadan. Kaxgar in der Provinz Xinjiang in Westchina

# Der Islam in der modernen Welt

**Am Ende des Ersten Weltkriegs waren die muslimischen Reiche zerteilt worden, und die europäischen Kolonialmächte hatten die muslimische Welt entweder besetzt oder direkt beeinflusst. Die „Moderne“ wurde dort als eine Veränderung aus Europa oder Nordamerika wahrgenommen. Für Muslime war Europas Macht nicht säkular geprägt, sondern christlich. Zwar wurden die materiellen Vorteile der Wissenschaft und Technologie freudig angenommen, jedoch waren viele Muslime zwiespältig gegenüber modernen Werten wie der Demokratie und feindselig gegenüber missionarischer Propaganda, die dem Kern ihres Glaubens widersprach. In Ländern wie Indien, Algerien und Palästina hinterließ der Abzug der Kolonialherrschaft viel Leid und Verbitterung.**

Zwei wichtige sunnitische Reformer der Moderne waren der Inder Sayyid Ahmad Khan (1817–1898) und der Ägypter Muhammad ʿAbduh (1845–1905), die die Ansicht vertraten, dass alle Muslime die Bedeutung des Koran selbst erforschen dürfen. Einige radikalere Reformer zielten eher darauf ab, die Moderne zu islamisieren als den Islam zu modernisieren. Zwei Schlüsselfiguren, die an der Formierung der Bewegungen beteiligt waren, die heute „fundamentalistisch“ oder „islamistisch“ genannt werden, waren der indisch-pakistanische Journalist Abu al-Ala Maududi (1903–1979) und der Ägypter Sayyid Qutb (1906–1966). Beide glaubten, dass Muslime ihr ganzes Leben nach dem Gesetz Gottes ausrichten sollten, und verfassten prägnante Kritiken säkularer westlicher Gesellschaften. Ein ähnlicher Gedanke trieb auch Ayatollah Khomeinis Revolution im Iran (1979) an.

In den USA bedienten sich einige der Black-Power-Bewegungen muslimischer Konzepte. Die *Nation of Islam* war ursprünglich eine Organisation, die sich dem Gedanken der schwarzen Vorherrschaft gewidmet hatte. Sie wurde in den 1930er-Jahren gegründet und später von Elijah Muhammad (Elijah Poole, 1897–1975) angeführt. Das Interesse der weißen Bevölkerung in den USA

## DER WELTWEITE ISLAM HEUTE

tendierte eher zum Sufismus, der 1910 erstmalig durch Inayat Khan (1882–1927) bekannt wurde und größere Beliebtheit durch die Bücher des Idries Shah (1924–1996) erlangte. Im Westen sind einige wenige Weiße, insbesondere in Gebieten, in denen ein hoher Anteil muslimischer Einwanderer lebt, zum Islam konvertiert, nachdem sie einige andere Aspekte der Religion für sich reizvoll fanden.

Der Großteil der Muslime in der westlichen Gesellschaft führt ein friedliches Leben. Oft gibt es

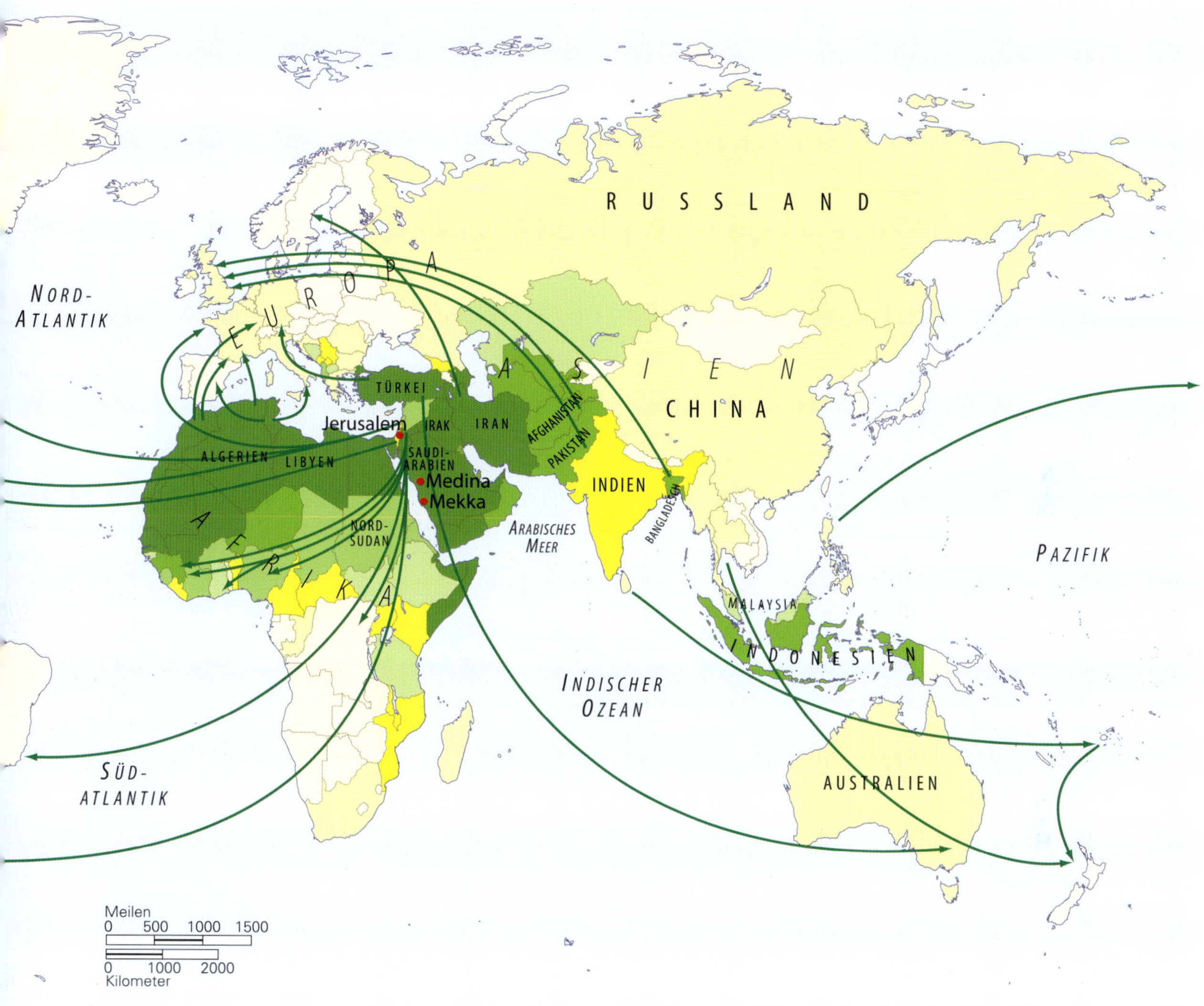


arbeitstechnische Absprachen, die es ihnen erlauben, ihre religiösen Bräuche, wie etwa die Fastenzeit während des Ramadan-Monats, auszuüben. Für einige hat die Zerstörung der beiden Türme des World Trade Centers in New York am 11. September 2001 die Warnungen vor einem „erstarkenden Islam" und einem „Zusammenprall der Kulturen" bestätigt.

Muslimische Anführer sind schon seit langem besorgt um die verstärkte Zunahme religiöser Extremisten innerhalb ihrer Gemeinden. Radikale Muslime thematisieren oft sozio-politische Probleme, die ihre eigene oder andere muslimische Gruppen beeinflussen, mit religiösen Begrifflichkeiten. Beispiele sind die Korruption und Unterdrückung durch westlich unterstützte Regime, deren Politik als große Ungerechtigkeit gegenüber den muslimischen Völkern Palästinas, Tschetscheniens, Afghanistans, Algeriens, des Irak und Bosniens angeprangert wird. Im Juni 2014 rief der sogenannte „Islamische Staat" ein Kalifat aus und besetzte weitreichende Gebiete in Syrien und dem Irak.

# Sikhismus

**Der Sikhismus ist eine der jüngsten unter den großen Weltreligionen. Um 1500 soll Nanak Dev, der Religionsstifter des Sikhismus, während eines Bads von Gott verwandelt worden sein. Er entstieg dem Wasser mit den Worten „Es gibt keine Hindus, es gibt keine Muslime, es gibt nur Geschöpfe Gottes" – ein einfaches Glaubensbekenntnis, das die Grundlage für die Sikhreligion werden sollte.**

Die Geschichte des Sikhismus war schon immer eng mit Punjab, seinem Geburtsland, verwoben. Der Sikhismus entstand im Kontext einer religiös gespaltenen Gesellschaft. Es ist keine einfache Verbindung aus hinduistischen und muslimischen Elementen: Von Anfang an hat sich der Sikhismus als ein neuer und unabhängiger dritter Weg verstanden. Dennoch ist er das Produkt der Beziehung einer lebhaften Minderheitengemeinschhaft, im Punjab und darüber hinaus, mit den beiden größeren Traditionen des Hinduismus und Islam.

Guru Nanak (1469–1539) war sowohl ein fähiger Anführer für seine Anhänger als auch ein weiser und kraftvoller Lehrer. Er schuf die Grundlagen für einige der Kernpraktiken des Sikhismus, inbesondere das tägliche Gebet (*nitnem*) und die gemeinschaftliche Versammlung, um den Hymnen des Guru zu lauschen. Guru Nanak suchte seinen Nachfolger Angad (Amt. 1539–1552) außerhalb seiner Familie, um der zweite Guru der Sikh-Gemeinschaft (auch *Panth* – Pfad, Weg) zu werden.

Nach Nanaks Tod führten eine Reihe von Gurus die Sikh bis zum Tod des 10. Guru. Obwohl der dritte Guru, Amar Das (Amt. 1552–1574), das hinduistische Kastensystem symbolisch ablehnte, durch die Einführung der *langar,* der Tempelküche, die allen Verpflegung anbot, unabhängig von der Kaste, entstammten alle Gurus der Khatri-Kaste, wie Nanak selbst. Ab der Amtszeit des 5. Guru wurde die Nachfolge innerhalb einer Familie vererbt.

Anfänglich verschob sich das Zentrum der Religion mit jedem Guru, bis Guru Arjan (Amt. 1581–1606) den großen Tempel in Amritsar – den Goldenen Tempel (*Harimandir*) – gründete, der seit seiner Einweihung im Jahr 1604 das geistliche Zentrum des Sikhismus ist. Guru Arjan führte auch die Abfassung der Sikh-Schriften, der *Adi Granth* („Ur-Buch"), ein. In seiner modernen Fassung füllt dieses „Gesangbuch" 1.430 Seiten; es ist der zentrale Bestandteil des Sikh-Tempelrituals (*gurdwara* - „Tor zum Guru").

## Guru Gobind Singh und die Khalsa

In der Zeit der ersten Gurus, die sich mit der Herrschaft des Großmugels Akbar (1542–1605) überschnitt, wuchs der Panth. Jedoch hatte die strategisch wichtige Lage der Region Punjab zur Folge, dass die Gurus immer wieder in die Politik des Mogulreiches verwickelt wurden: Guru Arjan wurde der erste Märtyrer der Sikh, als Akbars weniger toleranter Nachfolger Jehangir ihn hinrichten ließ, weil der Guru angeblich die Rebellion unterstützt habe. Während des 17. Jahrhunderts führte der anhaltende Konflikt mit den Mogulen zur Hinrichtung des 9. Guru, Tegh Bahadur (Amt. 1664–1675), in Delhi.

Diese führte zu einer radikalen Neuordnung der Gemeinschaft unter der Führung von Tegh Bahadurs Sohn Guru Gobind Singh (Amt. 1675–1708), dem 10. und letzten Guru. An seinem Hof in Anandpur nahm er sowohl die Rolle des Herrschers als auch die des Gurus an. Er festigte die Autorität der Gurus über den Panth, indem er einen neuen Orden, Khalsa – die Elite des Gurus – genannt, gründete. Seit der Ära des letzten Guru wurde der Panth von getauften Mitgliedern der Khalsa angeführt. Die Söhne des Gobind Singh kamen während dessen Kämpfen mit dem Mogulherrscher Aurangzeb (1618–1707) um. Er selbst wurde von einem muslimischen Attentäter ermordet. Mit seinem Tod nahm die Ahnenreihe der lebenden Gurus ein Ende. Ihre Autorität wurde fortan in einer heiligen Schrift übertragen und als das Guru Granth Sahib geehrt.

Während des 18. Jahrhunderts kämpfte das schwächer werdende Mogulreich mit den muslimischen Invasoren aus Afghanistan um Punjab. Dies war das heroische Zeitalter des Sikh-Panth, das verbissen Widerstand gegen beide muslimische Ar-

## URSPRÜNGE DES SIKHISMUS Karte 47

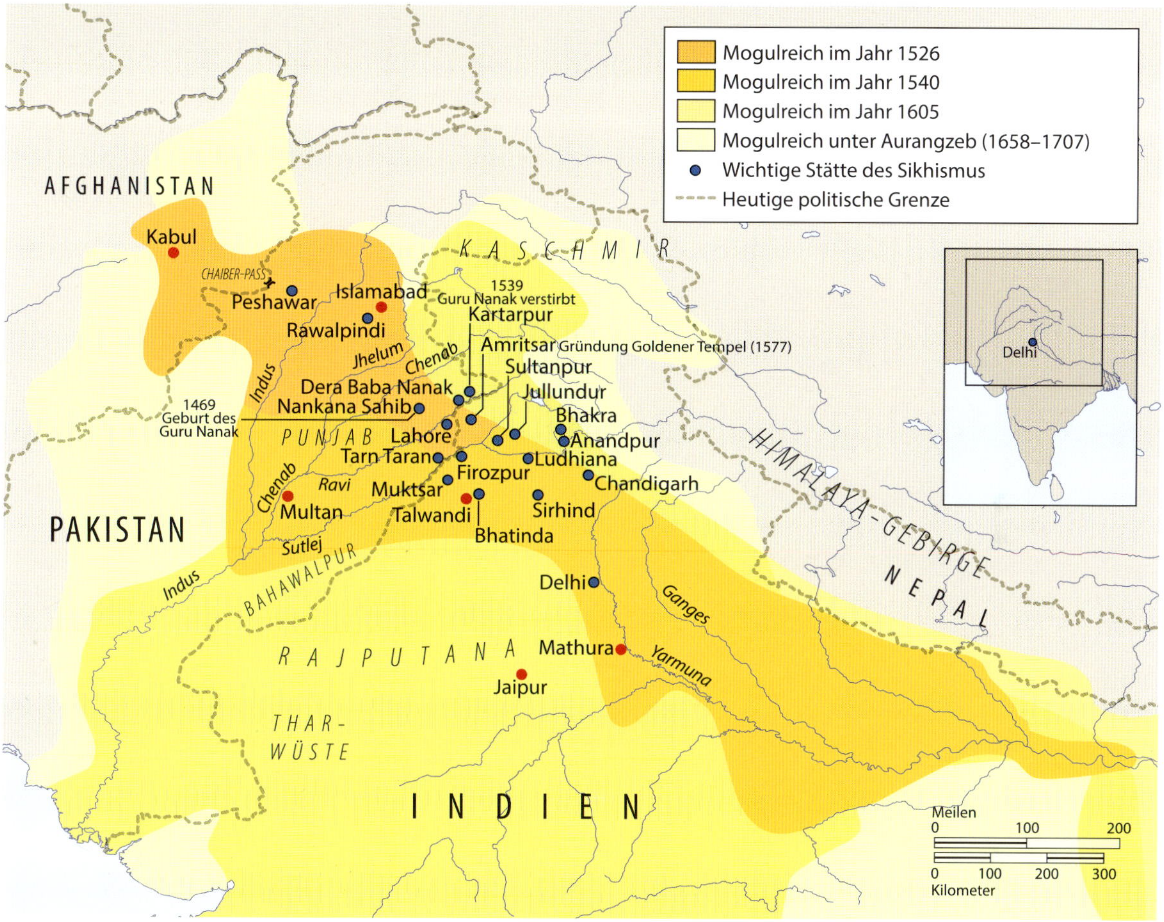


meen leistete. Unter der Führung der Sikh aus dem Volk der Jat, das eine dominante Gruppierung innerhalb der Gemeinschaft war, erzielten die Truppen der Khalsa einen großen Erfolg mit der Besetzung von Lahore, der Hauptstadt der Provinz Punjab. Die Stadt wurde zum Zentrum eines mächtigen Sikh-Königreichs unter dem Maharadscha Ranjit Singh (1799–1839). Jedoch konnten sich seine schwächeren Nachfolger nicht gegen die Briten durchsetzten, die das Punjab nach zwei erbitterten Kriegen 1849 ihrem Reich, Britisch-Indien, einverleibten.

### Der moderne Sikhismus

Im späten 19. Jahrhundert konfrontierten Führungspersönlichkeiten aus der indischen Gesellschaft, einschließlich der Sikh, die britische politische Dominanz und ihren christlichen Schwerpunkt. Nachdem die Briten Ranjit Singhs Königreich erobert hatten, war die religiöse Identität der Sikh durch die Abschaffung einiger ihrer politischer Institutionen und dem an Zulauf gewinnendem Hinduismus gefährdet. Daraufhin entstanden Reformgruppierungen (*Singh Sabhas*) in den größten Städten des Punjabs und formulierten den Sikhismus mit einer eigenständigen Sikh-Identität neu; diese Neuformulierung bildet bis heute die orthodoxe Lehre des Sikhismus. Indessen schafften Reformer wie

## SIKHISMUS IM HEUTIGEN INDIEN

Karte 48

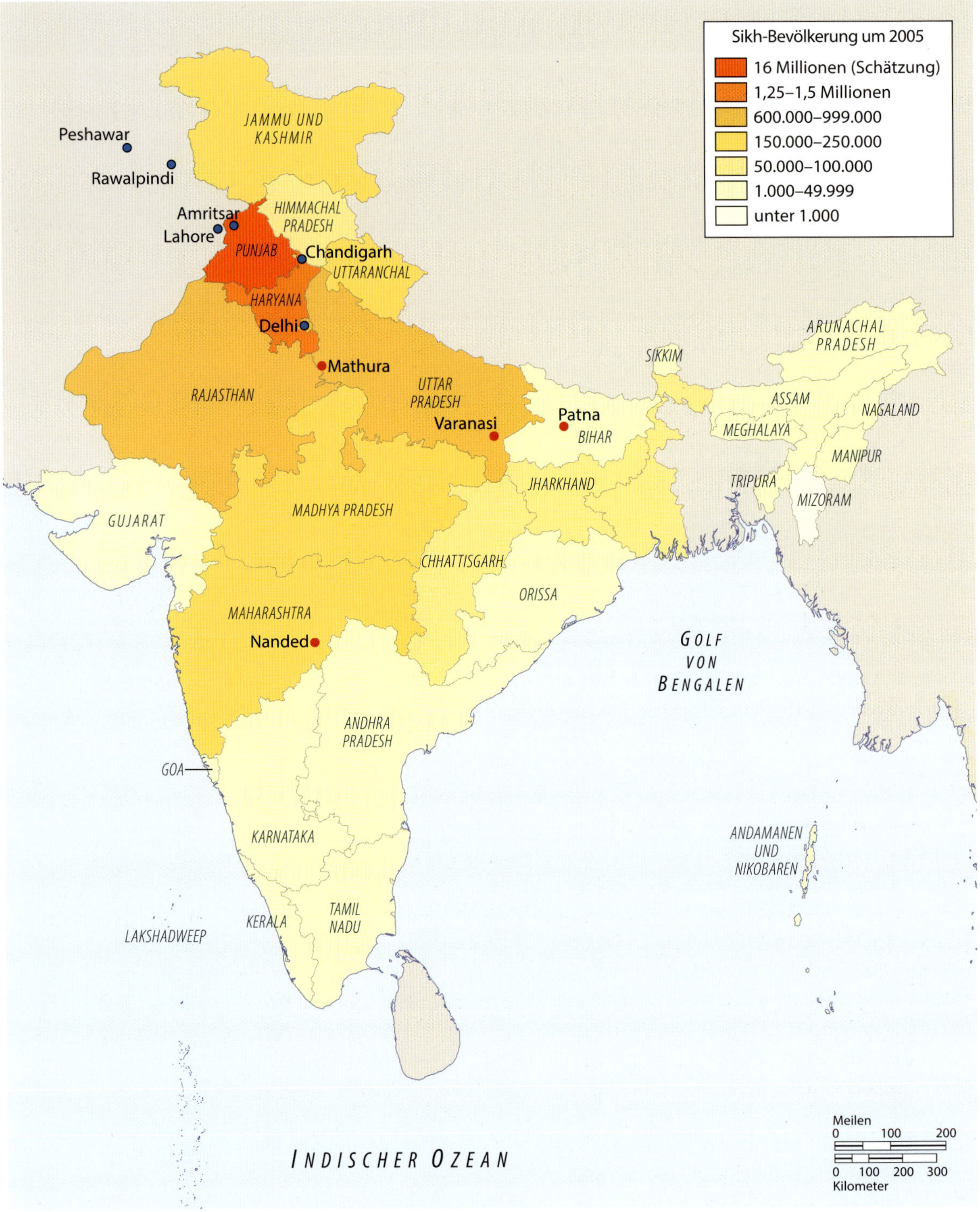

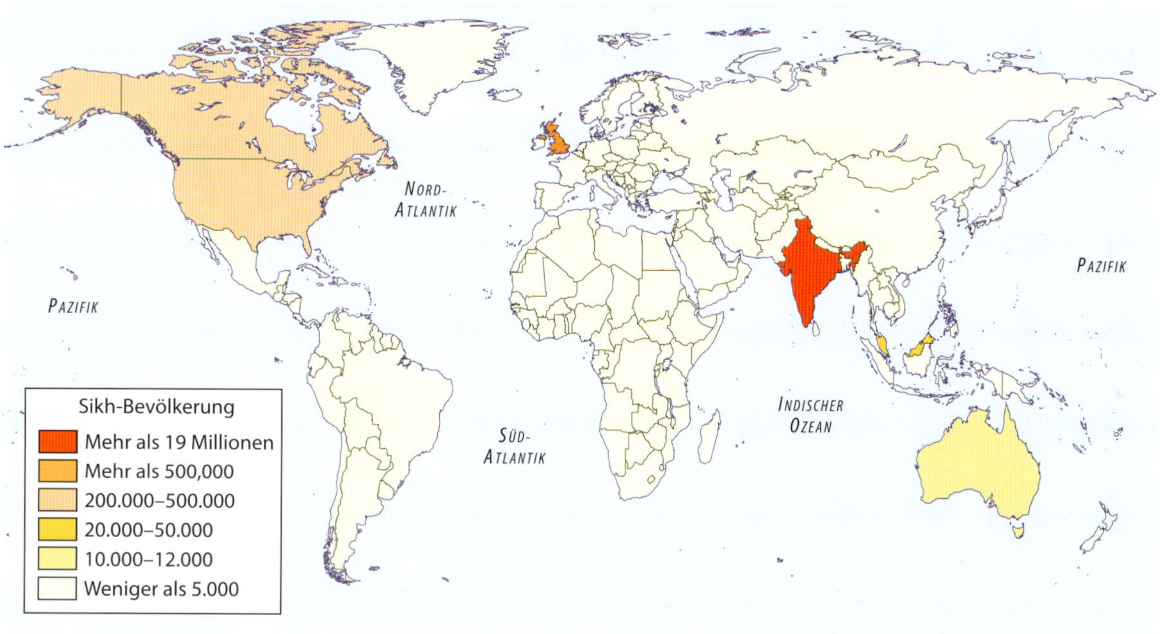


Bhai Vir Singh (1872–1957) kulturelle Veränderungen innerhalb der Sikh-Gemeinschaft.

Gegen Ende des Ersten Weltkriegs hatten Reformer den Sikh so viel Selbstvertrauen einflößen können, dass sie auf nationaler Ebene Politik betreiben konnten. Die Akali-Bewegung übertrug die Kontrolle der wichtigsten *gurdwaras* aus den Händen von Wächtern, deren Position weitervererbt wurde, in die Hände eines gewählten Komittees von männlichen Sikh dem *Shiromani Gurdwara Prabandhak* Committee (SGPC), das zum wichtigsten Sprachrohr der Sikh wurde. Da die Sikh keine wirkliche Chance hatten, ihr eigenes Land zu bekommen, schlugen sie sich 1947 auf die Seite der Hindus, als die Teilung des Punjab zwischen Indien und Pakistan angestrebt wurde. Zwar wurde dadurch die Hälfte der Gemeinschaft in Pakistan entwurzelt, indem sie auf die indische Seite des Punjab zog, aber zum ersten Mal war die Sikh-Bevölkerung in einer Region vereint. Auf dieser Grundlage begann die politische Sikh-Partei *Akali Dal* eine Kampagne zur Errichtung eines eigenen Staates im Punjab, in dem die Sikh eine Mehrheit bilden sollten und das sich sprachlich abgrenzte. In den frühen 1980er-Jahren war die Region zu einem Schlachtfeld geworden, auf dem Sikh-Aktivisten indische Sicherheitskräfte bekämpften. Der Höhepunkt des Konflikts fand im Jahr 1984 statt, als die indische Premierministerin Indira Ghandi (1917–1984) der indischen Armee befahl, den Goldenen Tempel in Amritsar zu erstürmen. Ihre Ermordung durch ihre Sikh-Leibwächter löste in vielen Teilen Indiens Anti-Sikh-Pogrome aus. Dadurch verloren separatistische Strömungen jegliche Unterstützung unter den Sikh in Indien.

## Die Sikh-Diaspora

In Großbritannien, Kanada und den USA existieren seit mehr als einer Generation immer selbstbewusster werdende und dort etablierte Diaspora-Gemeinschaften, die etwa eine Million Sikhs umfassen. Durch Familienbindungen, *gurdwara*-Rituale und große Sikh-Feste (*gurpurbs*) sowie Wallfahrten zu den wichtigen Schreinen der Religion bleibt die Diaspora eng mit dem Punjab verbunden. Aber sie sind auch direkt westlichen Umgebungen ausgesetzt und relativ frei von den Zwängen, die in einem zunehmend hinduistisch dominierten Indien herrrschen.

Teil 7

# Weltreligionen Heute

# Japanische Religionen

**Die religiöse Zusammensetzung Japans ist ein buntes Mosaik aus unterschiedlichen Glaubenstraditionen. Viele Menschen folgen mehr als einer Religion: dem Shintoismus, dem Buddhismus oder diversen neuen Religionen.**

Japan hat viel aus Korea und China erhalten: Die wichtigsten religiösen Importe waren der Buddhismus, hauptsächlich der Mahayana-Buddhismus, und der Konfuzianismus. Der Daoismus hat das Land eher indirekt beeinflusst, hauptsächlich durch den Zen-Buddhismus. Die einheimische Religion Japans, der Shintoismus, entstand erstmalig als Reaktion auf den Buddhismus und Konfuzianismus und deren intellektuelles Prestige und politischen Einfluss.

Japan besteht aus vier Hauptinseln. Die bekanntesten Shintō-Schreine und Buddhisten-Tempel befinden sich auf Honshū. Weitere wichtige Shintō-Schreine finden sich bei Ise, wo die Sonnengöttin Amaterasu verehrt wird, und Izumo, wohin alle Götter, oder auch *kami,* laut Legende einmal im Jahr zurückkehren. In den ehemaligen Hauptstädten Nara und Kyōto stehen ebenfalls Shintō-Schreine, wie der Kasuga-Schrein in Nara, ebenso wie kunstvoll gestaltete buddhistische Tempel und Bilder. Auf der Insel Shikuku befindet sich eine berühmte Pilgerroute, die an 88 buddhistischen Tempeln vorbeiführt. Auf Kyūshū finden sich einige der ältesten religiösen Stätten, da die südlichste der Inseln am dichtesten an Korea liegt. Die Insel war auch die Basis für katholische Missionsbemühungen im 16. Jahrhundert und die durch den Shintoismus inspirierte Stärkung der kaiserlichen Macht Mitte des 19. Jahrhunderts. Die Berglandschaften Japans haben das religiöse Leben des Landes ebenfalls beeinflusst. Auf vielen Bergen – der bekannteste unter ihnen der Fuji – finden sich Schreine, die Gruppen von Pilgern anziehen. Der Berg Kōya-san etwa wurde zu einem Zentrum des Shingon-Buddhismus.

## Shintoismus

„Shintō“ ist der Begriff für eine Reihe religiöser Praktiken, die ihre Wurzeln in der Urgeschichte Japans haben. Diese Praktiken waren überwiegend animistisch geprägt, also vom Glauben, dass der Natur (Bergen, Bäumen und Tieren) eine übernatürliche Kraft innewohnt. Ab der Yamato-Zeit war der kaiserliche Hof, der seine Abstammung auf Ninigi, den Enkel der Sonnengöttin Amaterasu, zurückverfolgte, von zentraler Bedeutung für den Shintoismus. Ab 1868, als die Monarchie wieder eine tragende Rolle im Kern der Gesellschaft einnahm, die bis zum Ende des Pazifikkriegs 1945 andauern sollte, war der Shintoismus stark auf den Kaiserkult fokussiert. Nach dem Krieg wurde die göttliche Natur des Kaisers offiziell aberkannt und der Shintoismus abgeschafft. Nichtsdestotrotz genießt die kaiserliche Familie noch hohes Ansehen, und shintoistische Schreine sind ein wichtiges Symbol der japanischen nationalen Identität. Heutzutage wird der Shintoismus an individuellen Schreinen praktiziert, von denen jeder einen bestimmten Grund für seine Existenz hat; ob sich dies nun auf eine Naturerscheinung oder ein geschichtliches Ereignis, einen Akt persönlicher Frömmigkeit oder politische Schirmherrschaft bezieht.

## Japanischer Buddhismus

Die Ursprünge des japanischen Buddhismus können ins frühe 6. Jahrhundert n. Chr. zurückverfolgt werden, als Bilder und Sutras, oder buddhistische Schriften, aus Korea ins Land gebracht wurden. Prinz Shōtoku, der von 593 bis 622 n. Chr. Regent Japans war, machte den Buddhismus zur Landesreligion und schuf eine Verbindung zwischen der Religion und den konfuzianischen Idealen der Moralität und Staatskunst. Ein späteres buddhistisches Zentrum wurde von der chinesisch-buddhistischen Tientai-Schule inspiriert, die in Japan unter der Bezeichnung Tendai-Buddhismus bekannt wurde. Dieser wiederum wurde von einer esoterischen Form des Buddhismus, dem Shingon, beeinflusst. Shingon wurde von dem berühmten Mönch Kukai (744–835) entwickelt, der nach seinem Tod den Ehrentitel „Kōbō Daishi“ erhielt. Das Lotus-Sutra spielte bereits eine wichtige Rolle im Tendai, aber der Mönch Nichiren (1222–1282) gab ihm eine noch zentralere Bedeutung. Seine Schriften wurden zur Grundlage einiger buddhistischer Ablegergruppen, einschließlich moderner Laienbewegungen.

## JAPAN: RELIGIÖS BEDEUTSAME ORTE — Karte 50

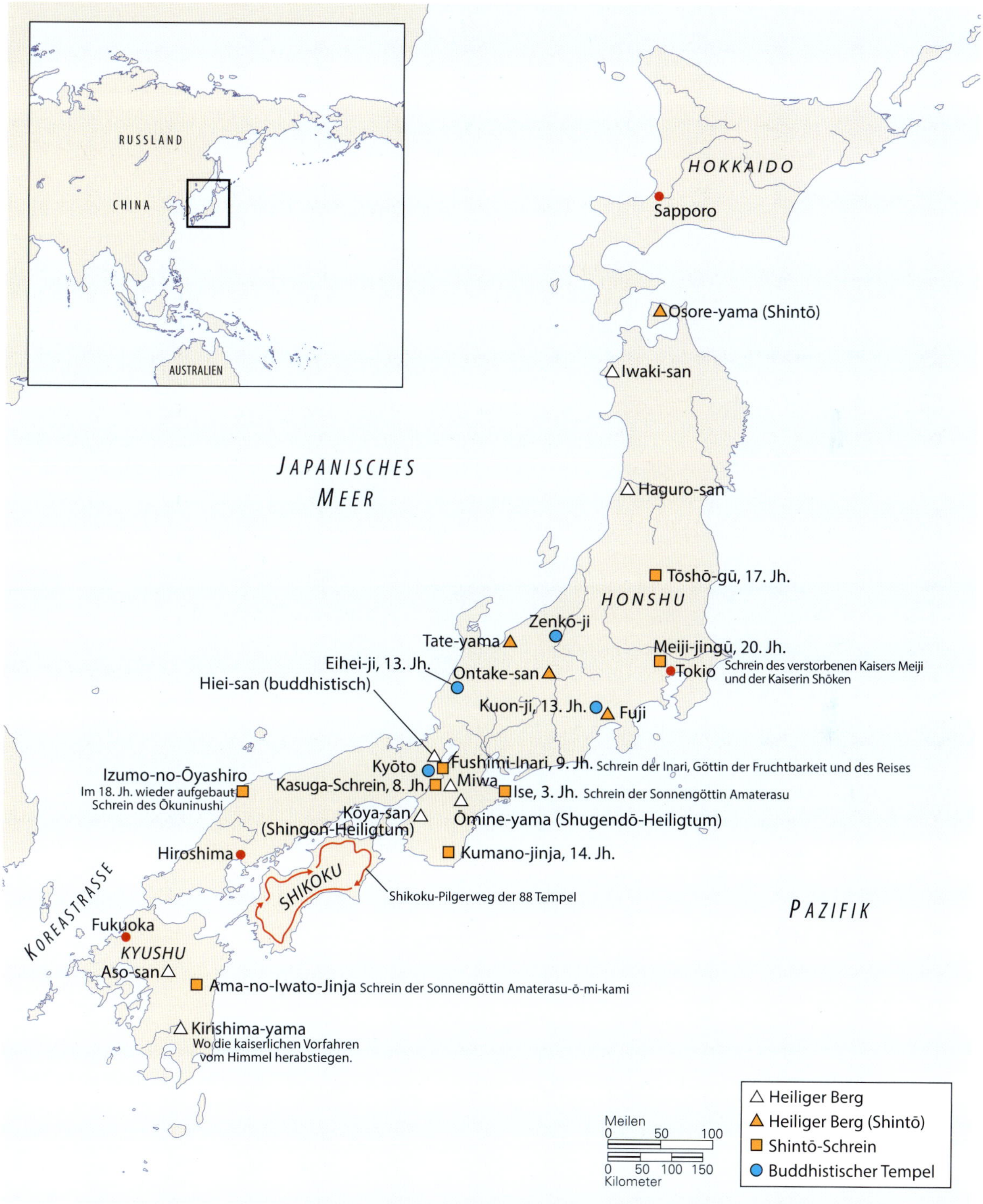

# Religion im China der Gegenwart

**China hatte schon immer seine eigenen, charakteristischen religiösen Traditionen. Das lag zum Teil daran, dass sich diese Traditionen nahezu isoliert entwickelten, ohne den für die westlichen Religionen typischen Austausch von Ideen. In chinesischen Religionen ging es zumeist mehr um ethisches Handeln als um Spekulationen über die Existenz einer Gottheit.**

Während die ethisch geprägten Lehren des Konfuzius selbst zu einem gewissen Grad von nachfolgenden Propheten, inbesondere Mengzi und Xunzi, verstärkt wurden, entstand die daoistische Religion fast als Gegensatz zur konfuzianischen Betonung des Dienstes an der Gesellschaft: Der Daoismus propagierte die Suche nach einem mystischen Einswerden mit dem Dao, dem metaphysischen Absoluten, durch die Meditation der Natur. Beide Traditionen veränderten sich auch durch den Einfluss des Buddhismus. Dieses Zusammenspiel der drei Traditionen hatte zur Folge, dass viele Menschen heutzutage kein Problem damit haben, allen drei Religionen zu folgen. Während des 20. Jahrhunderts kämpften auch alle drei Tradtionen unter der Herrschaft des maoistischen Kommunismus und im Zuge der Kulturrevolution um ihr Überleben. Der wachsende Einfluss und das Wiederaufleben des Christentums wiederum war eine Folge der Lockerung staatlicher Verbote. Im frühen 20. Jahrhundert wurde das Christentum in China als eine importierte, „fremde" Religion angesehen. Heutzutage liegt die Anzahl der Christen in einer Bevölkerung von 1,3 Milliarden Menschen bei geschätzten 85 Millionen Protestanten und 21 Millionen Katholiken. Sollten diese Zahlen korrekt sein, hätte China nach Brasilien und den USA die drittgrößte christliche Bevölkerung auf der Welt. Das chinesischee Christentum hat einen Prozess der „Sinisierung" durchlaufen, eine Umformung nach chinesischen kulturellen Normen, und ist Teil der chinesischen Kultur geworden. Den Kern der staatlichen Haltung gegenüber dem Christentum bildet das „Drei-Selbst-Prinzip": Selbsterhaltung, Selbstverwaltung und Selbstverkündung. Das Prinzip wurde in den 1950er-Jahren von allen staatlich sanktionierten, religiösen Gruppen in China übernommen.

## DIE GRÖSSTEN RELIGIONEN DES HEUTIGEN CHIN

R U S S L A N D
M O N G O L E I
MANDSCHUREI
HEILONJIANG
INNERE MONGOLEI
JILIN
LIAONING
Peking
SHANXI
BEIZHILI
NORD-KOREA
JAPANISCHES MEER
SHANDONG
SÜD-KOREA
QINGHAI
GANSU
GELBES MEER
JAPAN
HENAN
SHAANXI
JIANGSU
ANHUI
SICHUAN
HUBEI
Shanghai
ZHEJIANG
OSTCHINESISCHE SEE
HUNAN
JIANGXI
FUJIAN
GUIZHOU
Fuzhou
YUNNAN
GUANGDONG
GUANGXI
FORMOSA
PAZIFIK
Hong Kong
MYANMAR (BURMA)
VIETNAM
LAOS
SÜDCHINESISCHE SEE
HAINAN
Meilen
0
250
500
0
250
500
750
Kilometer

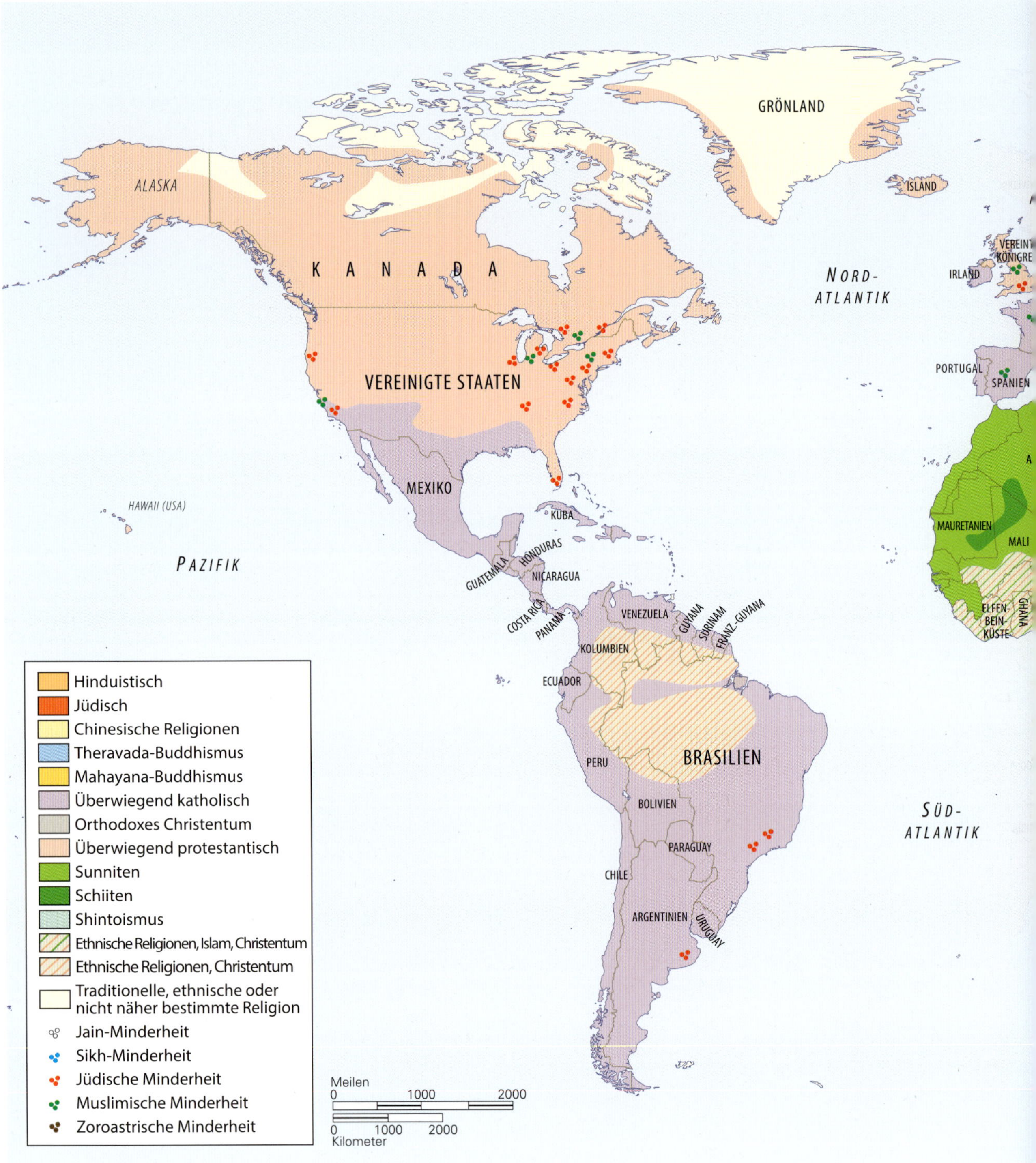
GRÖNLAND
ISLAND
ALASKA
K A N A D A
NORD-
ATLANTIK
IRLAND
VEREINIGTE STAATEN
PORTUGAL
SPANIEN
MEXIKO
HAWAII (USA)
KUBA
PAZIFIK
HONDURAS
GUATEMALA
NICARAGUA
MAURETANIEN
MALI
COSTA RICA
PANAMA
VENEZUELA
GUYANA
SURINAM
FRANZ.-GUYANA
ELFEN-
BEIN-
KÜSTE
GHANA
KOLUMBIEN
ECUADOR
PERU
BRASILIEN
BOLIVIEN
SÜD-
ATLANTIK
PARAGUAY
CHILE
ARGENTINIEN
URUGUAY
Hinduistisch
Jüdisch
Chinesische Religionen
Theravada-Buddhismus
Mahayana-Buddhismus
Überwiegend katholisch
Orthodoxes Christentum
Überwiegend protestantisch
Sunniten
Schiiten
Shintoismus
Ethnische Religionen, Islam, Christentum
Ethnische Religionen, Christentum
Traditionelle, ethnische oder nicht näher bestimmte Religion
Jain-Minderheit
Sikh-Minderheit
Jüdische Minderheit
Muslimische Minderheit
Zoroastrische Minderheit
Meilen
0
1000
2000
0
1000
2000
Kilometer

FINNLAND
R U S S L A N D
WEISSRUSSLAND
POLEN
UKRAINE
KASACHSTAN
MONGOLEI
USBEKISTAN
TURKMENISTAN
TÜRKEI
SYRIEN
IRAK
IRAN
AFGHANISTAN
NORDKOREA
SÜDKOREA
JAPAN
C H I N A
TIBET
PAKISTAN
ÄGYPTEN
SAUDI ARABIEN
OMAN
INDIEN
CHAD
SUDAN (N)
JEMEN
MYANMAR
LAOS
THAILAND
VIETNAM
PHILIPPINEN.
ARABISCHES MEER
PAZIFIK
SUDAN (S)
ÄTHIOPIEN
SRI LANKA
SOMALIA
M A L A Y S I A
KENIA
D.R. KONGO
INDISCHER OZEAN
I N D O N E S I A
PAPUA-NEU-GUINEA
TANSANIA
SAMBIA
MOSAMBIK
SIMBABWE
BOTSWANA
MADAGASKAR
AUSTRALIEN
SÜD-AFRIKA
NEU-SEELAND

# Was sind ethnische Religionen?

**Ein Großteil der Weltreligionen sind ethnische Religionen. Sie sind so verschieden wie die Sprachen, die Musik und die Mittel der Gestaltung ihrer Lebensweise, die Menschen für sinnvoll und befriedigend halten.**

Nicht alle ethnischen Religionen sind gleich. Beispielsweise gibt es hunderte von indigenen Sprachen in Nordamerika und Papua-Neuguinea; insofern gibt es ebenso viele unterschiedliche Wege, religiös zu sein.

In wenigen indigenen Sprachen findet sich ein Begriff wie „Religion“, was einige Forscher zu dem Schluss geführt hat, dass es unpassend sei, im Zusammenhang mit indigenen Kulturen von Religionen zu sprechen. Wenn man Religion jedoch als eine bestimmte Art zu leben und die Welt zu betrachten definiert, findet man Religion im Alltag vieler Menschen, die dieses Wort nicht verwenden.

Im Zuge des Wachstums der sich global ausbreitenden Religionen wie dem Buddhismus, dem Christentum oder dem Islam wurden einige ethnische Religionen zerstört, abgelehnt oder aufgegeben. Einige Indigene haben diese „importierten“ Religionen auf ihre eigene Weise angenommen und ihrem Verstehen angepasst. Viele ethnische Religionen haben sich damit arrangiert, dass eine einflussreichere und dominantere Religion in ihrem Umfeld angekommen ist, und führen ihre Glaubensaktivitäten lebhaft und kreativ weiter. Einige Menschen kehren wieder zu ihren „alten Wegen“ zurück, während andere sowohl eine ethnische als auch eine andere, neuere Religion praktizieren.

Ethnische Religionen sind nicht die „versteinerten“ Überreste früherer, oder ursprünglicher, Religionen. Sie sind selten einfach oder simplistisch und sollten nicht als Grundbausteine verstanden werden, aus der eine „fortgeschrittenere“ Religion geformt wurde oder sich entwickelt hat – wie es westliche Wissenschaftler in der Vergangenheit getan haben. Kulturchauvinistische Begrifflichkeiten wie „Primitivreligionen“ oder „archaische Religionen“, die früher häufig gebraucht wurden, sind kontraproduktiv für ein respektvolles Verständnis der Art und Weise, mit der unterschiedliche Menschen die Welt wahrnehmen und sich mit ihr beschäftigen. Es ist ebenso inakzeptabel, Gruppen, die möglicherweise Millionen von Menschen umfassen, als „Stämme“ und ihre Religionen als „Stammesreligionen“ zu bezeichnen. Ethnische Religionen sind nicht in der Vergangenheit hängengeblieben oder ergeben nur Sinn, wenn sie in ihren ursprünglichen Heimatländern praktiziert werden. Obwohl ethnische Religionen stark vom Kolonialismus beeinflusst wurden, sind sie nach wie vor wichtig für Menschen in einer neuen, globalisierten Welt.

Einige ethnische Religionen kennen einen Gott, der die Welt erschaffen hat. In anderen ist alles, was wir sehen, das Ergebnis schöpferischer Handlungen vieler anderer Personen; vielleicht wurde die Schöpfung von einem einzelnen Schöpfer, oder einem Schöpfungsprozess, angestoßen, aber das Leben hat sich durch die Mitwirkung jedes Lebewesens, oder jeder Person, weiter entfaltet: Bäume haben den Himmel von der Erde getrennt, Berge sind hervorgetreten, um das Land zu formen; Koyote, Jaguar oder ein Rotkehlchen haben das Feuer gebändigt, das Getreide hat dem Menschen Saatzyklen und Zeremonien beigebracht, und Menschen haben Städte errichtet. So wurde die Welt, wie sie heute ist. Ähnliche Prozesse sind immer noch im Gange und verändern die Welt, weshalb es wichtig ist, dass Menschen lernen, respekt- und verantwortungsvoll zu handeln. All diese Elemente finden sich in einer Vielzahl unterschiedlicher ethnischer Religionen. Für Ethnische Religionen ist es charakteristisch, dass viele unterschiedliche Personen schöpferisch tätig sind. Einige davon weisen erkennbare Ähnlichkeiten zu dem Gott auf, den die monotheistischen Religionen anerkennen. An-

dere sprechen von eher polytheistischen Gottheiten, die man in persönlichen, alltäglichen Angelegenheiten in einer Weise begegnen kann, die einige Forscher als „immanent“ bezeichnen: das Göttliche innerhalb der Welt und in alltäglichen Erfahrungen. Viele für ethnische Religionen wichtige Personen sind Menschen: Älteste, Priester, Schamanen, Großeltern, Herrrscher. Obwohl die „Vorfahren“ eine wichtige Rolle spielen, bezieht sich dieser Begriff in ethnischen Religionen oft auf diejenigen, von der eine gewisse Person oder Familie abstammt, und eher selten auf „all diejenigen, die verstorben sind“.

Einige indigene Gruppen glauben, dass es möglich ist, anderen Schaden zuzufügen, indem man besondere Rituale – Hexerei oder Zauberei – praktiziert. Lösungen für Probleme können durch das Vorsprechen bei einem Wahrsager oder Schamanen gefunden werden. In den Augen indigener Menschen sind diese Spezialisten darin bewandert, verborgenes Wissen zu finden, das anderen nicht zugänglich ist, und sie werden oft sorgsam, gelegentlich sogar auf erschreckende Art und Weise, für ihre Rolle ausgebildet. Ethnische Religionen können – wie andere Religionen – als ein Weg verstanden werden, mit dem bestimmte Menschengruppen versuchen, für ihre eigene Gesundheit und ihr eigenes Glück zu sorgen, oder auch Wohlstand für sich selbst, die Familie oder Gemeinschaften anzustreben.

Masai vor einer traditionellen Behausung in Masai Mara, Kenia

GRÖNLAND
INUIT
INUIT
INUIT
NATSILIK-INUIT
ALEUTEN
TLINGIT
KWAKIUTL
ROCKY MTS
NORD-AMERIKA
ALGONQUIN
CREE
NORD-ATLANTIK
OMAHA
MANDAN
CROW
SIOUX
CHEYENNE
APPALACHEN
IROKESEN (HAUDENSOSAUNEE)
HOPI
NAVAJO
PUEBLO-KULTUR
ZUNI
APACHE
CHEROKEE
YAQUI
HUICHOLEN
ZAPOTEKEN
TZOTZIL-MAYA
PAZIFIK
HAUSA
MENDE
YOR
ASCHAN
De'áruwa
Yanomami
TRIO
Zo'e
Jivaro
ANDEN
MUNDURUKU
SURUI
Kreen-Akrore
Kayapó
KORUBO
XAVANTE
SÜD-ATLANTIK
TUPI
SÜD-AMERIKA
MAPUCHE
Meilen
0 1000 2000
0 1000 2000
Kilometer
INUIT Indigene Bevölkerungsgruppe
Piaroa Isolierte indig. Bevölkerungsgruppe
Indigene Tradition weit verbreitet
Indigene Tradition an kleinen Orten

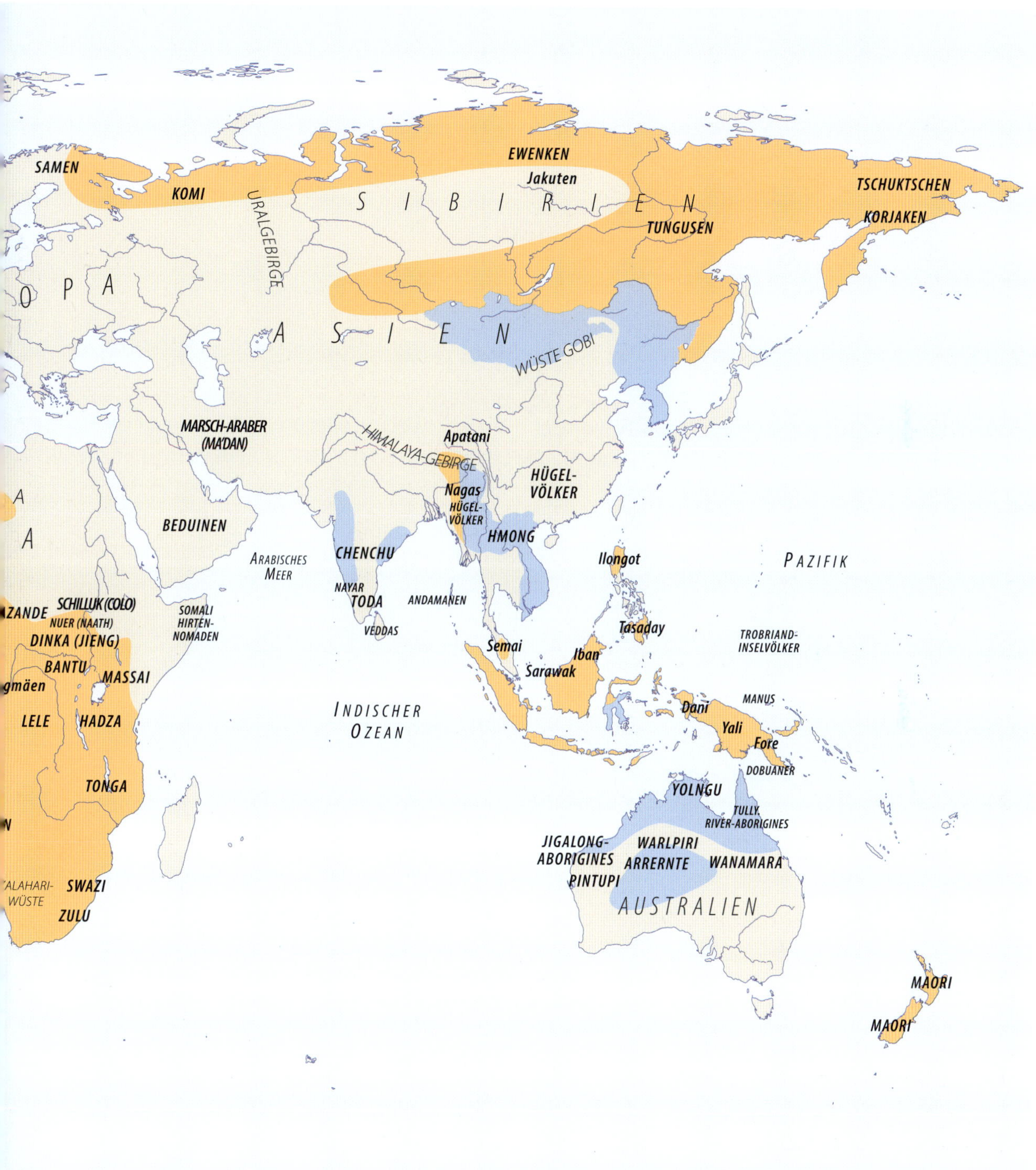
SAMEN
KOMI
EWENKEN
Jakuten
SIBIRIEN
TSCHUKTSCHEN
KORJAKEN
TUNGUSEN
URALGEBIRGE
OPA
ASIEN
WÜSTE GOBI
MARSCH-ARABER (MA'DAN)
Apatani
HIMALAYA-GEBIRGE
Nagas
HÜGEL-VÖLKER
HÜGEL-VÖLKER
HMONG
BEDUINEN
CHENCHU
ARABISCHES MEER
Ilongot
PAZIFIK
NAYAR
TODA
ANDAMANEN
VEDDAS
ZANDE
SCHILLUK (COLO)
NUER (NAATH)
DINKA (JIENG)
BANTU
MASSAI
gmäen
SOMALI HIRTEN-NOMADEN
Tasaday
TROBRIAND-INSELVÖLKER
Semai
Iban
Sarawak
MANUS
LELE
HADZA
INDISCHER OZEAN
Dani
Yali
Fore
DOBUANER
TONGA
YOLNGU
TULLY-RIVER-ABORIGINES
JIGALONG-ABORIGINES
WARLPIRI
ARRERNTE
WANAMARA
PINTUPI
AUSTRALIEN
ALAHARI-WÜSTE
SWAZI
ZULU
MAORI
MAORI

# Neue Religiöse Bewegungen

**Der Begriff „Neue Religiöse Bewegungen" (NRB) bezieht sich auf unterschiedliche, neu entstandene religiöse Organisationen, die von den großen, etablierten Religionen, insbesondere der Katholischen Kirche, abschätzig als „Sekten" oder „Kulte" bezeichnet werden. Manche Forscher beziehen sich mit dem Begriff auf Organisationen, die seit dem Zweiten Weltkrieg in der westlichen Welt entstanden sind, während andere den Teilbegriff „neu" auf die letzten 150 Jahre ausweiten.**

NRB sind ein weltweites Phänomen: Laut Schätzung gibt es etwa 10.000 NRB in Afrika, rund 3.000 in den USA und 500–600 in Großbritannien. Tendenziell bewegen sich NRB außerhalb des religiösen Mainstreams, manchmal aufgrund strittiger Lehrmeinungen oder kontroverser Glaubenspraktiken.

Die Neuen Religiösen Bewegungen des 19. Jahrhunderts waren überwiegend christlich geprägt. William Miller (1782–1849) verkündete, dass die Wiederkehr Christi kurz bevorstehe und nannte 1843, dann 1844, als das Jahr seiner Wiederkunft. Die Desillusionierung, die seine Anhänger im Jahr 1844 erlebten, wird als die „Große Enttäuschung" bezeichnet. Ellen G. White (1827–1915), die 1861 die Siebenten-Tags-Adventisten gegründet hatte, lehrte, dass Jesus bereits zurückgekehrt, aber seine Gegenwart unsichtbar sei.

Charles Taze Russell (1852–1916), der Mitbegründer der 1881 gegründeten *Zion's Watch Tower Tract Society* („Wachtturm-Traktatgesellschaft von Zion"), sprach auch von der „unsichtbaren Gegenwart" Christi. Heutzutage wird die Gründung der Gesellschaft von den „Zeugen Jehovas", wie Russells Nachfolger Joseph Rutherford (1869–1942) die Gruppe nannte, auf das Jahr 1914 datiert.

Eine weitere wichtige Bewegung war die Neugeist-Bewegung (*New Thought* oder auch *Higher Thought*), deren Lehre besagt, dass die unendliche, göttliche Intelligenz – oder Gott – allgegenwärtig sei und dass man seine eigene Gesundheit durch mentale Affirmationen („Positives Denken") verbessern könne. Diese Ideen beeinflussten Mary Baker Eddys (1821–1910) *Christian-Science*-Bewegung („christliche Wissenschaft") und die von Emma Curtis Hopkins (1849–1925) 1887 gegründete *Hopkins Metaphysical Association*. Einige von Hopkins' Schülern gründeten ihre eigenen Organisationen, von denen die 1889 in Kansas City gegründete *Unity School of Christianity* oder *Unity Church* die bekannteste ist.

## NEUE RELIGIÖSE BEWEGUNGEN

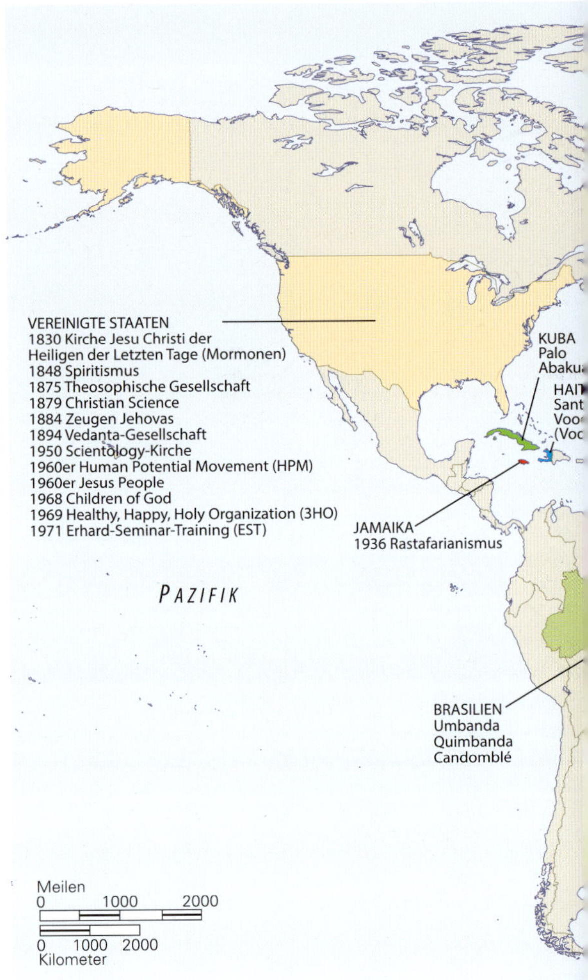

Karte 54

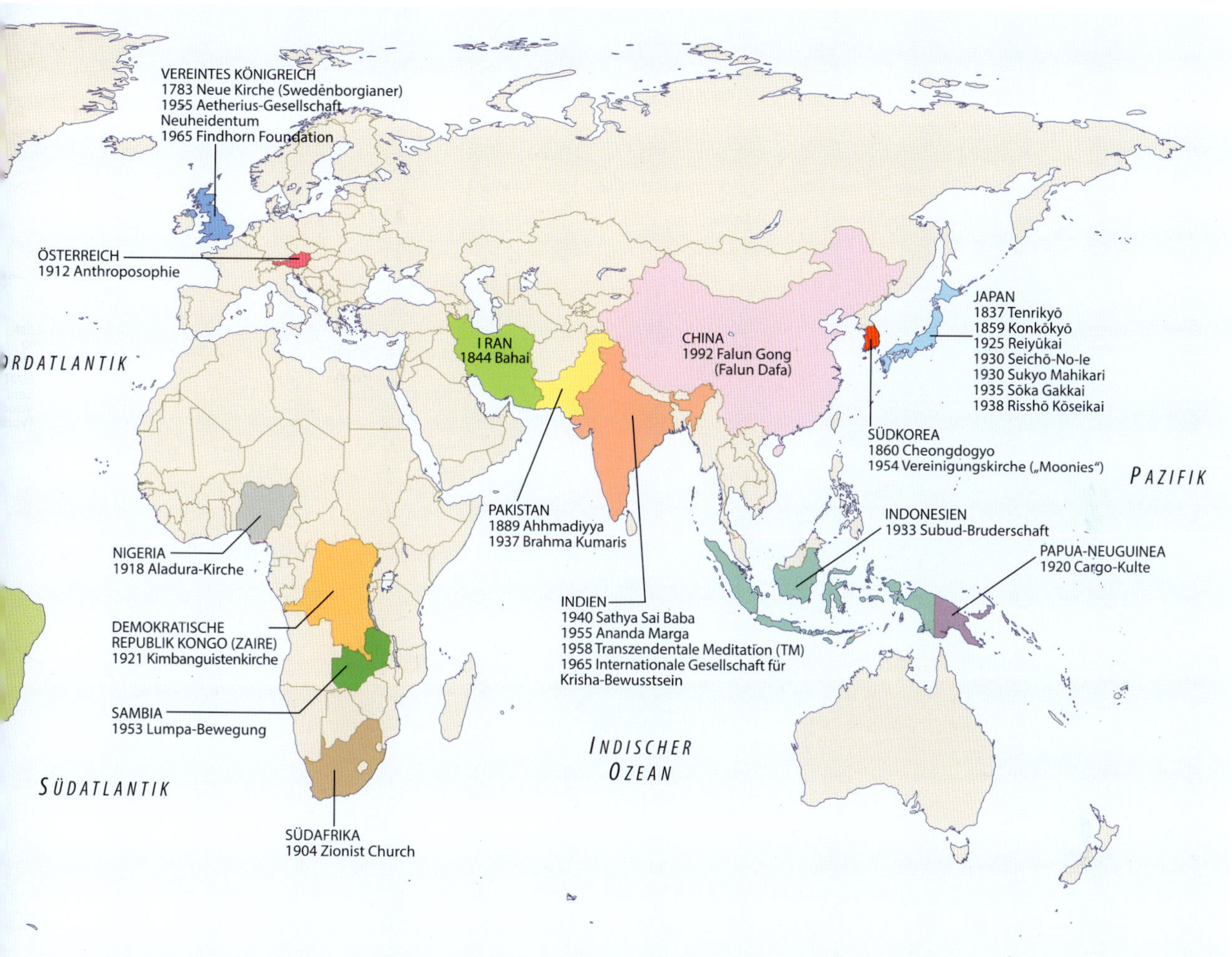


Der moderne Spiritismus kann auf die „Klopfzeichen" aus dem Jenseits zurückgeführt werden, die die Fox-Schwestern in Hydesville im Staat New York gehört haben wollen. Moderne spiritistische Kirchen betonen jedoch die Heilung genauso stark wie den Kontakt zu Verstorbenen. Helena P. Blavatsky (1831–1891), eine der Gründerinnen der Theosophischen Gesellschaft, behauptete, dass sie Kontakt zu einigen „Aufgestiegenen Meistern" hätte – weiterentwickelte Geistwesen, die einst auf der Erde gelebt hatten. Die Aufgestiegenen Meister, auch als „Große Weiße Bruderschaft" bezeichnet, spielen auch im Rosenkreuzertum, der *Church Universal and Triumphant* und der Chanelling-Praxis der New-Age-Bewegung eine Rolle.

## NRB in den 1960er- und 1970er-Jahren

In den 1960er-Jahren kam eine neue Welle von NRB auf. Charismatische Gruppen, die sich auf die Bibel beriefen, wie das *Jesus-Movement* oder die *Jesus People* mit ihren Ideen der Gütergemeinschaft und dem Kommunenleben, fanden vor allem in der Gegenkultur und Jugendbewegung großen Anklang. Einige der zu den Bewegungen konvertierten Menschen hatten zuvor Drogenprobleme; die 1968 von Paul Erdman (1940–2007) gegründete *Love Family* (auch: *Church of Jesus Christ at Armageddon*) ermutigte ihre Anhänger zum Drogenkonsum.

Von den Gruppierungen, die zusammen in Kommunen lebten, sind die bekanntesten *The Family International* (TFI), die zuvor unter dem Namen *Children of God* (CoG) firmierten, und *The Holy Spirit Association for the Unification of World Christianity*, auch als „Vereinigungskirche" bekannt. Die von David Brandt Berg („Moses David"; 1919–1994) gegründeten *Children of God* waren vordergründig eine protestantisch-fundamentalistische Gruppe, erregten jedoch mit der Praxis des „Flirty Fishing", dem Anbieten sexueller Handlung an Interessierte – vor allem durch weibliche Mitglieder – große Kontroversen. Der Gründer der Vereinigungskirche Sun Myung Moon (1920–2012) behauptete, dass Jesus seinen messianischen Auftrag, sündenlose Kinder in die Welt zu setzen, nicht hatte erfüllen können. Sun Myung Moon und seine Frau werden in diesem Sinne als die neuen Messias-Gestalten angesehen.

## Indisch beeinflusste NRB

Der erste hinduistische Swami, der den Westen besuchte, war Ramakrishnas Schüler Swami Vivekananda (1863–1902), der 1894 die Vedanta-Gesellschaft in New York gründete. Auf ihn folgten weitere Gurus, von denen besonders hervorzuheben sind: Paramahansa Yogananda (1893–1952), Gründer der *Self-Realization Fellowship* („Selbstverwirklichungs-Gemeinschaft"; 1920 gegründet); Meher Baba (1894–1969), der 1954 verkündete, der Avatar des derzeitigen Zeitalters zu sein; der „Maharishi" (indischer geistl. Würdenträger) Mahesh Yogi (1918–2008), der die Technik der Transzendentalen Meditation entwickelte; Sri Chinmoy (1931–2007), der „inneren Frieden" betonte; Swami A. C. Bhaktivedanta Praphupada (1896–1977), Gründer der „Internationalen Gesellschaft für Krishna-Bewusstsein", besser bekannt als die Hare-Krishna-Bewegung; und Prem Pal Singh Rawat (geb. 1957, ursprünglich als Maharaj Ji bekannt), Leiter der Elan-Vital-Bewegung und deren Vorgängerorganisation, der *Divine Light Mission* (DLM). Sathya Sai Baba (1926–2011) war nie im Westen zu Besuch, war aber dennoch als Wundertäter bekannt. Er behauptete, die Reinkarnation des Avatars, Wundertäters und Heiligen Sai Baba aus der Stadt Shirdi (†1918) zu sein.

Der später unter dem Namen Osho bekannte Bhagavan Shree Rajneesh (1931–1990) lehrte eine selbstentwickelte Form des Zen-Buddhismus und propagierte sexuelle Freiheit und Materialismus. 1981 zog er nach Oregon, wo er seine „erleuchtete Stadt" Rajneeshpuram gründete. Nach einem Konflikt mit der einheimischen Bevölkerung wurde Osho 1985 verhaftet, woraufhin sich seine Gemeinschaft auflöste.

## Buddhistische NRB

Daisetz Teitaro Suzuki kam 1897 in den USA an, wo er zahlreiche Bücher über das Zen schrieb. Die Gegenkultur der 1960er-Jahre griff den Gedanken des „inneren Buddha" auf, legte ihn aber als eine Form der Promiskuität aus. Die von der Gegenkultur praktizierte Form des Zen wird gelegentlich als „Beat Zen" (abgeleitet von „Beat Generation") bezeichnet. Buddhistische NRB entstammen unterschiedlichen Traditionen. Die Vipassana-Bewegung wirbt mit einer Meditationspraxis des Theraveda. Zu den innovativen Formen des tibetanischen Buddhismus zählt etwa die von Geshe Kelsang Gyatso (*1931) gegründete Neue-Kadampa-Tradition, die durch eine Verehrungspraxis namens Dorje Shugden Kontroversen auslöste. Der Dalai Lama verhängte daher Restriktionen gegen die Praxis.

Das 1930 gegründete *Soka Gakkai International* (SGI) beruft sich in seinen Lehren auf den japanischen Mönch Nichiren (1222–1282) und das Lotus-Sutra. Die Freunde des Westlichen Buddhistischen Ordens (FWBO), mittlerweile als

„Buddhistische Gemeinschaft Triratna" bekannt, strebt danach, eine neue Form des Buddhismus für Westler zu entwickeln. Die vom ehrwürdigen Sangharakshita (Dennis Lingwood, geb. 1925) gegründete Organisation legt Wert auf „rechten Lebenserwerb" anstelle der klösterlichen Praxis, Unterstützer und Laienpraktizierende um Almosen zu bitten.

Das 1992 von Li Hongzhi (geb. 1951) entworfene Falun Gong, beinhaltet eine Reihe körperlicher Übungen, die eine Ähnlichkeit zum Tai Chi haben, und einen Weg zum Buddhasein darstellen.

## Bahaitum

Der 1819 im persischen Shiraz geborene Seyyed 'Ali Muhammad behauptete, ein Bote Gottes zu sein, und bezeichnete sich selbst als „Bab" („das Tor"). 1950 wurde er jedoch hingerichtet. Mirza Husain-'Ali Nuri (1817–1892) war ein Anhänger des Bab, der den Namen Bahá'u'lláh annahm und das Bahaitum begründete. Auch er behauptete, der Überbringer einer neuen göttlichen Botschaft zu sein, die auf den vorhergehenden Weltreligionen aufbaute und zum Ziel hatte, die Menschheit zur nächste Entwicklungsstufe zu führen: die Einheit der Welt. Der Bahá'u'lláh geweihte Schrein in der Nähe von Akko in Israel ist die heiligste Stätte der Bahai; das Weltzentrum des Bahaitum ist auf demselben Grundstück. Im 21. Jahrhundert gibt es mehr als 5 Millionen Bahais in mehr als 230 Ländern der Welt. Der Großteil von ihnen lebt in Indien.

## Andere NRB

Die Rastafari-Bewegung entstand in Jamaika und war ursprünglich eine Black-Power-Bewegung, die von den Nachfahren von Sklaven unterstützt wurde. Sie interpretierten die Lehren der Bibel als einen Hinweis auf die wichtige Rolle Äthiopiens und dessen Kaisers Haile Selassie (1891–1975), den sie als ihren Messias verstanden: Sie hofften, dass dieser eine Rückkehr nach Afrika einläuten würde. Nach seinem Tod entstanden einige unterschiedliche Erwartungshaltungen innerhalb der Bewegung.

Die sogenannten UFO-Religionen behaupten, dass die Götter Außerirdische sind, die mit bestimmten menschlichen Schlüsselfiguren kommunizieren. Die erste im Westen gegründete UFO-Religion war die 1955 von George King (1919–1997) ins Leben gerufene Aetherius-Gesellschaft *(Aetherius Society)*. Die Rael-Bewegung, 1974 von Claude Vorilhon (geb. 1946) gegründet, propagiert das Klonen von Menschen als Schlüssel zur persönlichen Unsterblichkeit. Der Science-Fiction-Autor L. Ron Hubbard (1911–1986) wurde 1950 durch sein Bestseller-Selbsthilfebuch *Dianetics: The Modern Science of Mental Health* bekannt, das zum Grundlagenwerk der Scientology-Kirche wurde. Die Scientologen sind eine von mehreren Gruppen, die gemeinsam das *Human Potential Movement* („Bewegung der menschlichen Selbstentfaltung") bilden. Die dazugehörigen Organisationen – das von Werner Erhard (geb. 1935) ins Leben gerufene „Erhard-Seminar-Training" (EST – inzwischen „Landmark Forum") oder die von der Advaita-Vedanta-Philosophie beeinflusste *School of Economic Science* (SES) – behaupten, die Lebensqualität verbessern zu können.

Das *Human Potential Movement* wiederum verschmilzt mit der nebulösen New-Age-Bewegung, die von unterschiedlichen Elementen charakterisiert wird: Eklektizismus, eine optimistische Grundeinstellung gegenüber der menschlichen Natur und Ernüchterung über die institutionelle Religion. Nach 1970 nahmen die New-Age-Bewegungen Fahrt auf und entwickelten sich zu einer massentauglicheren Reihe von spirituellen Selbstentfaltungsdisziplinen und Selbstfindungsbestrebungen weiter. Die Wurzeln des New Age gehen auf heidnische, jüdisch- und christlich-hermetische sowie okkulte Bewegungen zurück.

# Das moderne Pilgertum

**Die Wallfahrt ist üblicherweise eine Reise zu einem heiligen Ort, die ein vergangenes Ereignis wieder ins Gedächtnis rufen soll oder ein feierliches Ereignis oder einen Akt der Reue darstellen soll. Das Ziel des Pilgerns kann sich in der Natur befinden, wie ein heiliger Fluss oder Berg, oder der Ort sein, an dem ein Wunder, eine Offenbarung oder Gottesbegegnung geschehen ist, wie auch das Grab eines Helden oder Heiligen.**

Im Hinduismus hat das Pilgern zu einem heiligen Ort schon immer eine wichtige Rolle gespielt. In den letzten Jahren ist das Interesse an Pilgerfahrten zu Schreinen wie dem Sabarimala-Tempel in Kerala oder zu Festen wie dem Kumbh Mela gestiegen. Auch die Anzahl der Pilger, die Gurus auf der Suche nach Wundern aufsuchen, ist angestiegen. Auf ähnliche Art und Weise begeben sich Buddhisten auf Pilgerreisen zum Berg Shatrunjaya in Gujarat oder dem Ort Shravanabelagola in Karnataka. Obwohl die japanische Insel Shikoku keine großen religiösen Monumente hat, weist sie einen berühmten Pilgerweg auf, der an 88 buddhistischen Tempeln vorbeiführt und regelmäßig von Touristen besucht wird. Es gibt auch weitere Pilgerrouten in Japan, von denen der Saigoku-Pilgerweg auf Westhonshu mit seinen 33 Tempeln, die der Bodhisattva Kannon geweiht sind, der bekannteste ist.

Im Christentum ist das Pilgern schon seit Jahrhunderten ein wichtiger Akt, der von der Hoffnung angetrieben wurde, dass der Besuch bei einem der bedeutenden Schreine körperliche und seelische Heilung erwirken kann. Im Mittelalter war die Wallfahrt ins Heilige Land ein hartes und gefährliches Unterfangen, das den sehr Frommen vorbehalten war – oder denjenigen, die Buße für schwere Sünden leisten mussten. Andere beliebte Schreine befanden sich in Rom, Canterbury – dem Ort, an dem Thomas Becket 1170 ermordet wurde – und Santiago de Compostela im Nordosten Spaniens, wo laut Legende Jakobus der Ältere begraben sein soll. Die Pilger reisten üblicherweise in Gruppen, tauschten Neuigkeiten miteinander aus, sangen gemeinsam und hielten unterwegs bei kleineren Schreinen an.

## Pilgern heute

Viele traditionelle Pilgerziele sind heute noch aktuell. Da Langstreckenreisen sehr viel einfacher geworden sind, sind dementsprechend auch sehr viel mehr Menschen unterwegs. Mittlerweile begehen nahezu drei Millionen Menschen den Haddsch nach Mekka; die Vatikanstadt in Rom und der Marienschrein in Lourdes in Frankreich ziehen eine ähnliche Menge von Menschen an.

Es gibt auch viele neue Pilgermöglichkeiten – ein modernes Phänomenon ist das Zusammenspiel von der Pilgerfahrt im traditionellen, religiösen Sinn und dem Tourismus: Menschen nutzen das Pilgern, um religiöse Sehenswürdigkeiten zu besuchen und deren Kunst, Architektur und Kultur zu würdigen. Eine beliebte, moderne katholische Wallfahrtsstätte stellt der Marienschrein in Knock (Irland) dar.

Pilger auf dem Jakobsweg in Spanien

Ausgelöst wurde dies durch eine Erscheinung der Jungfrau Maria, des Heiligen Josef und Johannes des Evangelisten im Jahr 1879. Knock zieht immer mehr Scharen von Pilgern an, vor allem seitdem Papst Johannes Paul II. den Ort anlässlich des 100-jährigen Jubiläums der Marienkirche besuchte. Ein umstrittener Wallfahrtsort ist Međugorje in Bosnien-Herzegowina. Viele katholische Pilger reisen dorthin, seitdem sechs Kinder 1981 behauptet haben, eine Marienerscheinung gesehen zu haben – obwohl die Katholische Kirche diese Behauptung nie anerkannt kannt. Ein modernes anglikanisches Pilgerzentrum, das auch von Katholiken besucht wird, ist der restaurierte Schrein „Unsere Liebe Frau von Walsingham" im englischen Norfolk. Der 1061 errichtete Schrein wurde nach der Reformation vernachlässigt und baufällig, bis er 1897 von einer Pilgerprozession aus dem benachbarten King's Lynn wiederaufgebaut wurde. Heutzutage reisen jährlich Tausende von Pilgern, von denen die meisten aus englischen Kirchengemeinden kommen, nach Walsingham. Die Gemeinschaft von Taizé im französischen Burgund hat sich zu einem der wichtigsten christlichen Pilgerziele entwickelt. Mehr als 100.000 Jugendliche aus der ganzen Welt reisen jedes Jahr an, um gemeinsam zu beten, zu singen, sich mit der Bibel zu befassen und Gemeinschaftsarbeit zu verrichten. Die ökumenische Ausrichtung der Gemeinschaft ermutigt die Pilger, sich in ihrem Leben von dem Geist der Freundlichkeit, Einfachheit und Versöhnung stärken zu lassen.

## Wallfahrtsorte im Islam

Obwohl jeder Muslim und jede Muslima einmal im Leben den *Haddsch*, die Pilgerreise nach Mekka, begangen haben muss, suchen Muslime auch Schreine und Gräber auf, an denen *Walīs* (Heilige) ruhen. Im Arabischen wird solch ein Besuch *ziyāra* genannt. Schiiten und Sunniten reisen im Sinne der *ziyāra* nach Medina, wo der Prophet und viele andere frühe muslimische Heilige begraben sind. Für Shia-Muslime sind auch Kerbela im Irak, wo Hussein, der Neffe des Propheten Mohammed, als Märtyrer starb, Nadschaf, wo der vierte, rechtgeleitete Kalif Ali begraben ist, und mehrere Schreine im Iran wichtig. Sunniten besuchen *Ziyāra*-Orte in der gesamten islamischen Welt.

In Indonesien werden neun Heilige, die sogenannten *Wali Sanga*, verehrt, die laut Überlieferung den Islam im 15. Jahrhundert nach Java brachten. Ägyptische Muslime verehren viele Heilige, die in Dörfern begraben wurden, aber auch in größeren Städten. Der Grabschrein des Ahmad al-Badawī in Tanta am Nildelta zieht Millionen von ägyptischen Pilgern an, die zu den jährlichen Feierlichkeiten anlässlich des Geburtstags des Heiligen anreisen. Im Süden, Südosten und Osten von Asien nehmen zahlreiche Hinduisten, Buddhisten, Shintoisten, Konfuzianer, Daoisten und Anhänger anderer Religionen weiterhin an Pilgerfahrten teil. Zu den bedeutendsten zählt das hinduistische Fest Kumbh Mela, das alle 12 Jahre rund 70 Millionen Menschen anzieht. Ebenso eindrucksvoll ist das jährliche chinesische Neujahrsfest, bei dem 32 Millionen Menschen durch das gesamte Land reisen, um das neue Jahr in ihrem Heimatort zu begrüßen.

## Neue Arten der Pilgerreise

Gegen Ende des Sommers reisen Tausende von Menschen aus der ganzen Welt in die Black Rock Desert nach Nevada, um dort am Burning-Man-Festival teilzunehmen. Die Veranstaltung hat keine besondere religiöse Bedeutung. Sie nahm 1986 ihren Anfang, als am Strand von San Francisco ein menschliches Bildnis anlässlich der Sommersonnenwende verbrannt wurde, begleitet von spontanen Aktivitäten wie Musik und Tanz, die das Gemeinschaftsgefühl der Veranstaltung stärkten. 1990 zog das Event nach Black Rock um, wo es nun jährlich stattfindet. Eines der Elemente, die das Festival besonders für die Besucher machen, ist die beschwerliche Anreise zum Festivalgelände mitten in einer heißen Wüste. Der Burning Man ist eine neue Art eines säkularen Pilger- und Übergangsritus, der Spiritualität, Tourismus, Risiko, Absonderung, künstlerischen Selbstausdruck, Unterhaltung und Erneuerung miteinander verbindet. In Europa weisen jährlich stattfindende Musik-Festivals – besonders erwähnenswert das Glastonbury-Festival – ähnliche Eigenschaften auf.

## EINE AUSWAHL GEGENWÄRTIGER WALLFAHRTSORTE

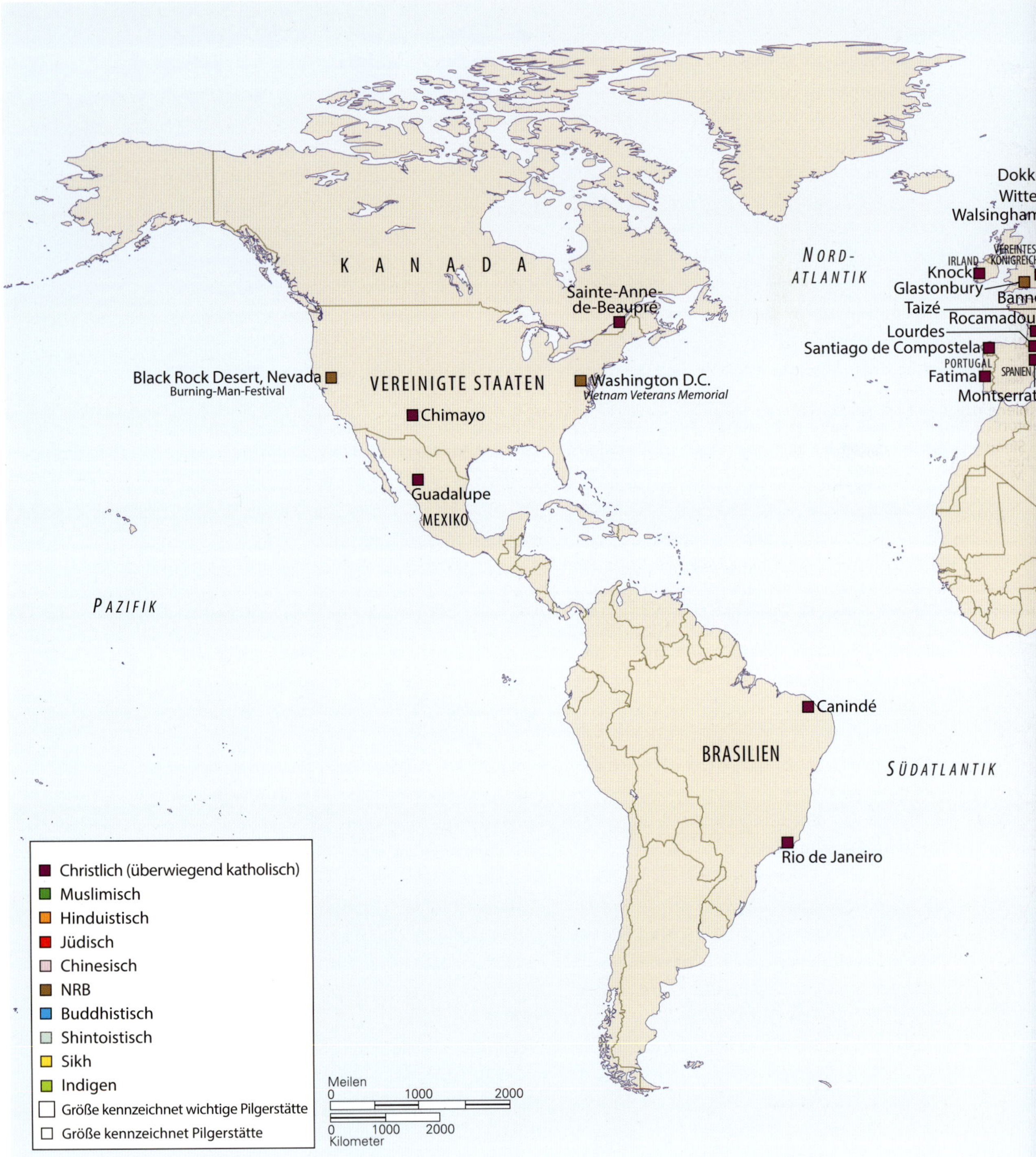

RUSSLAND
reto
Međugorje
Athos (Berg)
GRIECHENLAND
Jerusalem
ethlehem
ebron
Sinai/
chebel
Musa
ÄGYPTEN
Tanta
Luxor
Ziyāra
Kerbela
Nadschaf
SAUDI ARABIEN
Medina
Mekka
Maschhad
IRAN
Ghom
Kedarnath
Gangotri
Yamnotri
Amritsar
Rishikesh
Haridwar
Badrinath
Kailash (Berg)
Nanda Devi (Berg)
Lhasa
Kangchendzönga (Berg)
Kathmandu
Sarnath
INDIEN
Bodhgaya
Varanasi
(Benares)
ARABISCHES
MEER
Sabarimala
Tirupati
Kandy
SRI LANKA
Sri Pada
Chinesisches Neujahrsfest
CHINA
Tai Shan
Wen Shu
JAPAN
Fuji (Berg)
Shikoku
PAZIFIK
INDISCHER
OZEAN
AUSTRALIEN
Ayers Rock

# Jerusalem: Die heilige Stadt

**Jerusalem ist der Stadt der Könige David und Salomo, der Sitz eines Patriarchen aus jeweils der Griechisch-Orthodoxen, Armenischen und Katholischen Kirche sowie eines anglikanischen Bischofs, und eine heilige Stadt der Muslime. Die Stadt hat zahllose Plätze, die für eine der drei großen monotheistischen Religionen heilig sind.**

Die Altstadt von Jerusalem nimmt gerade mal die Fläche eines Quadratkilometers ein und wird von Mauern umringt, die im 16. Jahrhundert von den Osmanen errichtet wurden. Dennoch befinden sich zahlreiche heilige Stätten auf diesem Gebiet, sowohl christliche als auch jüdische und islamische. Überschattet wird die Altstadt vom *alharam asch-scharif*, dem „Edlen Heiligtum", auf dem sich der Felsendom und die al-Aqsa-Moschee befinden. Zur Zeit der Bibel war dies der Standort des jüdischen Tempels. Innerhalb der Altstadt finden sich zahlreiche Spuren der langen Geschichte der Stadt: Überreste von Befestigungsanlagen aus alttestamentlicher Zeit, Relikte der Hasmonäer, herodianische Ruinen, römische Bögen und Säulen, byzantinische Kirchen, Orte, die seit Jahrhunderten von Christen verehrt werden, weil sie eine Verbindung zu Jesus haben, Heiligtümer aus der Anfangszeit der christlichen Kirche, arabische Schreine, Relikte der Kreuzfahrer und Befestigungsanlagen der Mameluken.

Jerusalem liegt auf zwei Höhenrücken, die etwa 830 Meter über dem Meeresspiegel sind und vom Tyropöon-Tal getrennt werden. Im Osten ist die Altstadt durch das Kidrontal begrenzt, im Westen und Süden durch das Hinnomtal. Auf dem Berg Ophel, wo sich die drei Täler treffen, eroberte König David die Jebusiter-Stadt, die er anschließend zur Hauptstadt seines Reiches machte. Der Tempelbezirk, der zuerst von Davids Sohn Salomo mit Mauern versehen wurde, ist heute als Tempelberg sichtbar, arab. *alharam asch-scharif*, dem großen Plateau, auf dem der Felsendom steht. Der salomonische Tempel wurde bei der Eroberung Jerusalems durch Nebukadnezar im Jahr 586 v. Chr. zerstört. Nach der Babylonischen Gefangenschaft kehrten viele Judäer 583 v. Chr. zurück in die Stadt, um den Tempel wiederaufzubauen und unter Nehemias Führung die Verteidigungsanlagen der Stadt zu verstärken. Spuren aus dieser Zeit sind noch heute sichtbar.

Eines der Stadtverbesserungsprojekte Herodes' des Großen war ein pompöser Neubau des Tempels. Nachdem der römische General Vespasian den Jüdischen Krieg von 66. n. Chr. entschieden und den Aufstand niedergeschlagen hatte, nahm sein Sohn Titus Jerusalem ein und brannte den Tempel nieder. Nach dem erfolglosen Bar-Kochba-Aufstand (132–135 n. Chr.) ließ Kaiser Hadrian Jerusalem dem Erdboden gleichmachen und legte das Fundament für eine neue Stadt, Aelia Capitolina, aus der sämtliche Juden verbannt wurden. Das Schema dieser römischen Stadt findet sich im Grundriss der heutigen Jerusalemer Altstadt wieder.

Nachdem Kaiser Konstantin das Christentum offiziell anerkannt hatte, wurde Jerusalem zum Zentrum der christlichen Welt. An den Orten, die eine christliche Bedeutung hatten, wurden Kirchen errichtet: auf Golgata, der heiligen Grabstätte Jesu, Getsemane und dem Ölberg.

638 n. Chr. wurde Jerusalem von den muslimischen Arabern erobert. Obwohl der neue Herrscher, Kalif Umar, den Christen die Nutzung der Grabeskirche zur Anbetung nicht untersagte, errichtete er eine kleine Moschee an dem Ort, wo sich heute die al-Aqsa-Moschee befindet. 691 n. Chr. vollendete Kalif Abd al-Malik den Felsendom auf dem Tempelberg, der seitdem das Erscheinungsbild Jerusalems prägt.

1009 nahmen die Kreuzritter die Stadt ein. Sie errichteten einige neue Kirchen, bemerkenswert ist dabei die St.-Anna-Kirche. Nach langen Kämpfen wurden die Kreuzritter 1187 aus der Stadt vertrieben, und die Ayyubiden und Mameluken übernahmen die Kontrolle.

1517 eroberte der osmanische Sultan Selim I. die Stadt. Sein Sohn, Süleyman I. (Reg. 1520–1566), baute die Tore und Mauern wieder auf, deren Erscheinungsbild bis heute erhalten geblieben ist.

## JERUSALEM: AUSWAHL EINIGER HEILIGER STÄTTEN

Karte 56

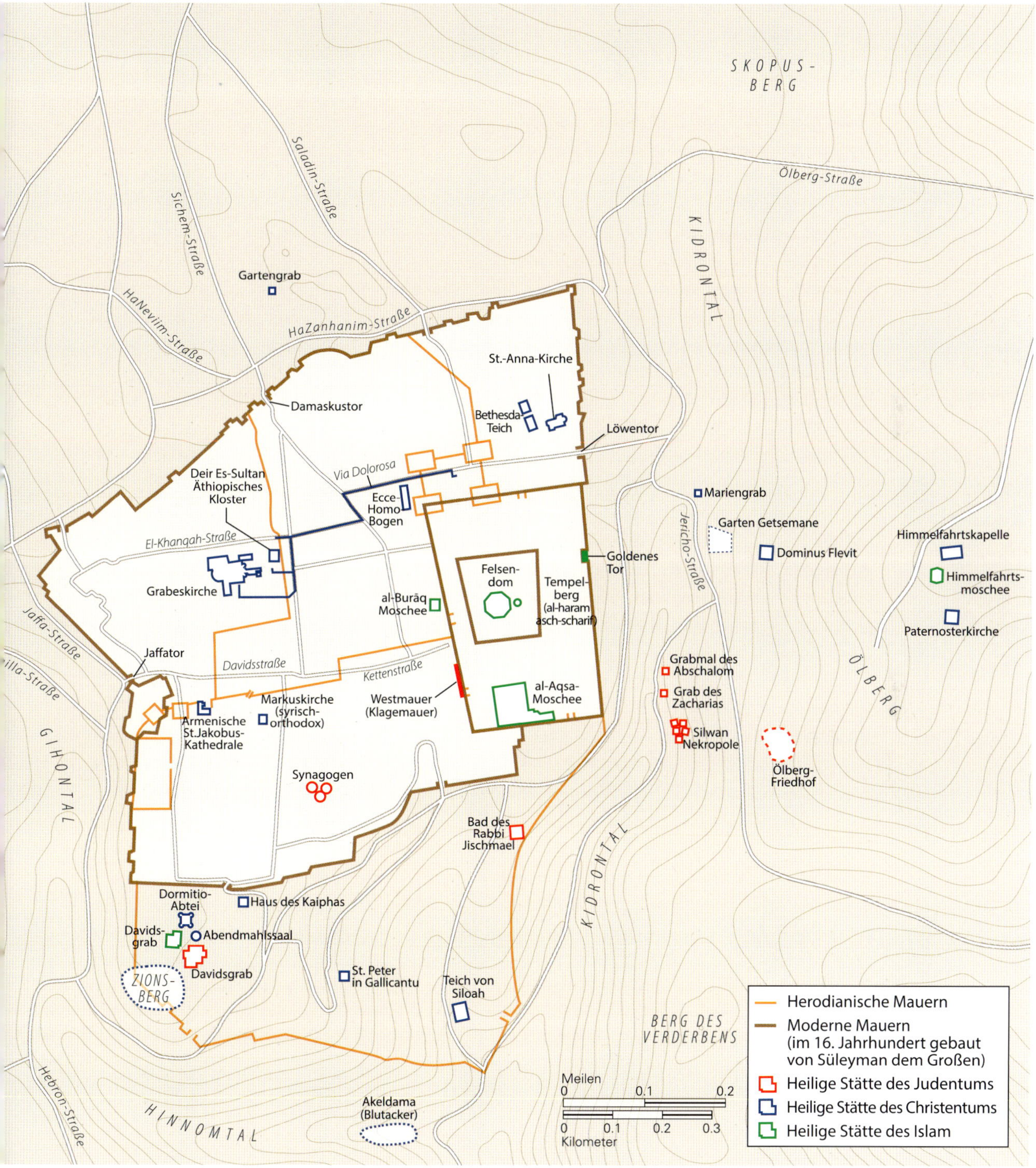

# Was ist der Haddsch?

**Eine der fünf tragenden Säulen des Islam, die – wenn möglich – einmal im Leben erfüllt werden muss, ist der Haddsch: die Wallfahrt nach Mekka, dem heiligsten Ort des Islam, und ins Umland der Stadt. Mekka ist eng mit Mohammed verknüpft, der in der Stadt geboren wurde, aber auch mit seinem Vorgänger Abraham, der laut dem Koran dort die Kaaba mit seinem Sohn Ismael erbaut haben soll.**

Ein Besuch in Mekka hat für Muslime an jedem Tag des Jahres eine religiöse Bedeutung. Aber im 12. Monat des muslimischen Kalenders beginnt die Zeit des Haddsch, der großen Wallfahrt. Millionen von Pilgern reisen nach Mekka, in einer Pilgertracht aus weißem Stoff. Sie versammeln sich in der großen al-Haram-Moschee, um dort den ersten Ritualakt der Wallfahrt durchzuführen: den *Tawāf,* bei dem die Pilger die Kaaba sieben Mal gegen den Uhrzeigersinn umkreisen. Als nächstes gehen sie sieben Mal zwischen zwei Hügeln hin und her; die Handlung soll an die Not von Hagar und ihrem Sohn Ismael erinnern, die laut islamischer, jüdischer und christlicher Tradition durch eine von Gott im Wüstensand offenbarte Wasserquelle vor dem Verdursten gerettet wurden.

Als nächsten Schritt wandern die Pilger außerhalb von Mekka zum 'Arafāt-Berg, wo der Haddsch seinen Höhepunkt hat. Hier „stehen" die Pilger betend vor Gott, von der Mittagszeit bis zum Sonnenuntergang. Anschließend reisen sie zurück nach Mekka und machen einen nächtlichen Halt in Muzdalifa, wo alle Pilger Kieselsteine sammeln. Am nächsten Tag werfen sie diese Steine als Teil einer Ritualhandlung gegen drei Steinsäulen (mittlerweile durch Steinmauern ersetzt) im Dorf Mina.

Das Ritual soll an die Geschichte von Abraham erinnern, der der Versuchung des Teufels widerstand, Gottes Anweisung zur Opferung seines Sohnes Ismael als Beweis seiner Treue zu missachten. Im Koran wird erzählt, dass der Junge durch ein „gewaltiges Schlachtopfer" ausgelöst wurde. Als Erinnerung an dieses Ereignis bieten Pilger das Opfer von Schafen oder Kamelen an. Am letzten Tag des Haddsch, dem *Eid al-Adha,* feiern Muslime das Opferfest, um Abrahams Bereitschaft zur Opferung seines Sohnes zu gedenken.

## DIE STATIONEN DES HADDSCH

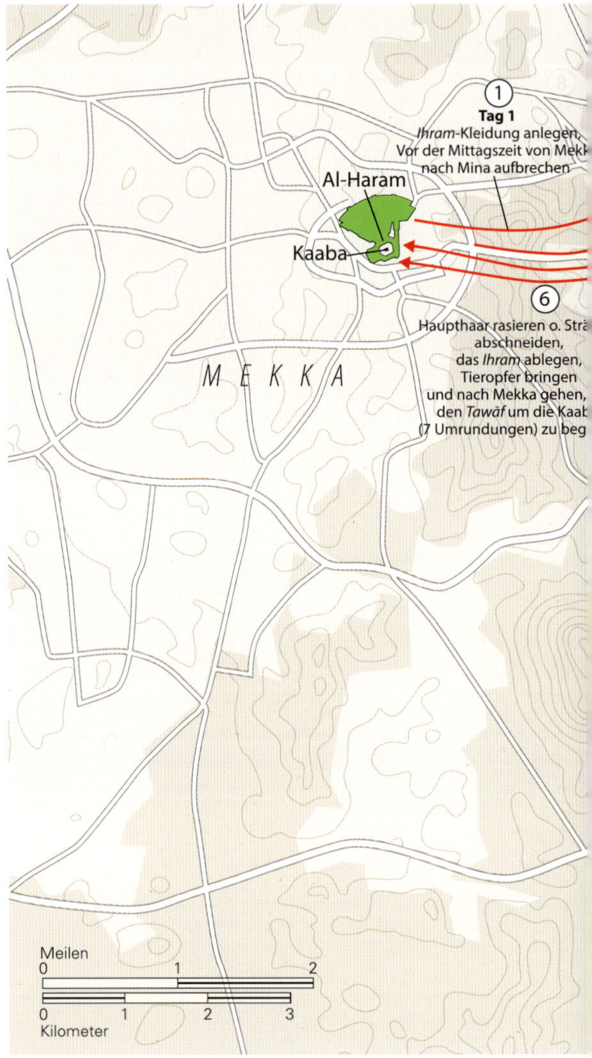

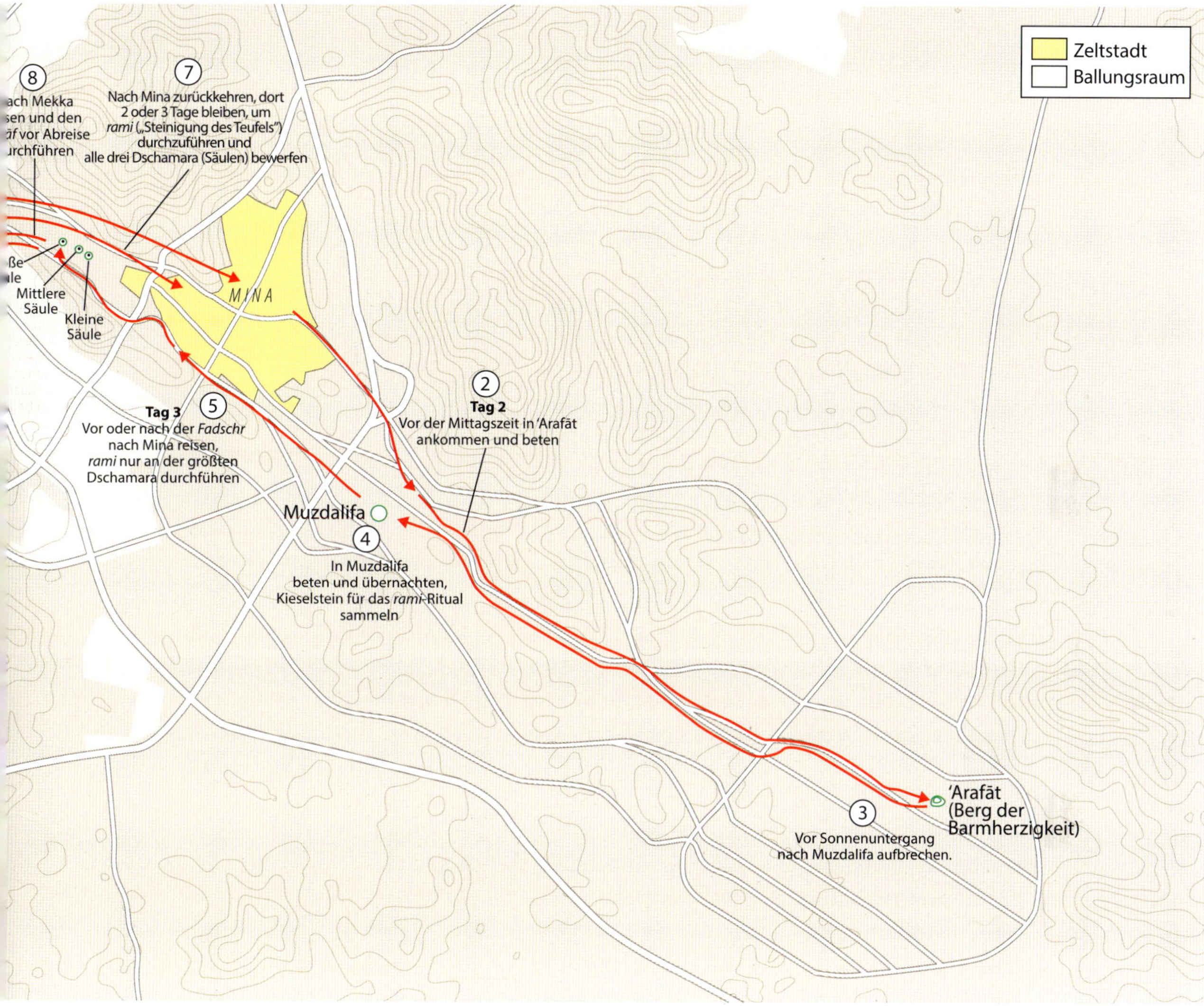
Zeltstadt
Ballungsraum
8
ach Mekka
sen und den
äf vor Abreise
urchführen
7
Nach Mina zurückkehren, dort 2 oder 3 Tage bleiben, um rami („Steinigung des Teufels") durchzuführen und alle drei Dschamara (Säulen) bewerfen
ße
ule
Mittlere Säule
Kleine Säule
MINA
2
Tag 2
Vor der Mittagszeit in 'Arafāt ankommen und beten
Tag 3
5
Vor oder nach der Fadschr nach Mina reisen, rami nur an der größten Dschamara durchführen
Muzdalifa
4
In Muzdalifa beten und übernachten, Kieselstein für das rami-Ritual sammeln
'Arafāt (Berg der Barmherzigkeit)
3
Vor Sonnenuntergang nach Muzdalifa aufbrechen.

# Weiterführende Literatur


## Antike

Veit Rosenberger, *Religion in der Antike,* Darmstadt 2013

Jörg Rüpke, *Pantheon. Geschichte der antiken Religionen,* München 2016

Holger Sonnabend, *Götterwelten. Die Religionen der Antike,* Darmstadt 2014

Paul Veyne, *Die griechisch-römische Religion,* Stuttgart 2015

## Judentum

Michael Brenner, *Kleine jüdische Geschichte,* München 2019

Andreas Nachama / Walter Homolka / Hartmut Bomhoff, *Basiswissen Judentum,* Freiburg 2015

Walther L. Rothschild, *Der Honig und der Stachel. Das Judentum – erklärt für alle, die mehr wissen wollen,* Gütersloh 2009

Norman Solomon, *Das Judentum. Eine kleine Einführung,* Stuttgart 2009

## Christentum

Walter Kardinal Kasper, *Katholische Kirche. Wesen – Wirklichkeit – Sendung,* Freiburg 2011

Wolfgang Huber, *Glaubensfragen. Eine evangelische Orientierung,* München 2017

Jörg Lauster, *Die Verzauberung der Welt. Eine Kulturgeschichte des Christentums,* München 2017

Kurt Nowak, *Das Christentum. Geschichte, Glaube, Ethik,* München 2018

## Islam

Hartmut Bobzin, *Der Koran. Eine Einführung,* München 2019

Naciye Kamcili-Yildiz / Fahimah Ulfat, *Islam von Abendgebet bis Zuckerfest: Grundwissen in 600 Stichwörtern,* München 2014

Gerhard Schweizer, *Islam verstehen. Geschichte, Kultur und Politik,* Stuttgart 2018

Inken Wöhlbrand / Martin Affolderbach (Hg.), *Was jeder vom Islam wissen muss,* Gütersloh 2011

## Buddhismus

Michael von Brück, *Buddhismus. Die 101 wichtigsten Fragen,* St. Ottilien 2012

Dalai Lama, *Einführung in den Buddhismus,* Freiburg 2015

Verena Reichle, *Die Grundgedanken des Buddhismus, Frankfurt a.M.* 1994

Perry Schmidt-Leukel, *Buddhismus verstehen. Geschichte und Ideenwelt einer ungewöhnlichen Religion,* Gütersloh 2017

## Hinduismus

Jack Hawley, *Bhagavadgita: Der Gesang Gottes. Eine zeitgemäße Version für westliche Leser,* München 2013

Michael Landgraf, *Fernöstliche Religionen. Hinduismus – Buddhismus – Schamanismus – Konfuzianismus – Daoismus – Shintoismus,* Stuttgart 2015

Axel Michaels, *Der Hinduismus. Geschichte und Gegenwart,* München 2012

Hans Wolfgang Schumann, *Die großen Götter Indiens. Grundzüge von Hinduismus und Buddhismus,* München 2006

## Weltreligionen heute

John Bowker (Hg.), *Oxford Dictionary of World Religions,* Oxford 1987

Manfred Hutter, *Die Weltreligionen,* München 2016

Monika und Udo Tworuschka, *Illustrierte Geschichte der Weltreligionen,* Berlin 2017

Bernhard Uhde, *Warum sie glauben. Was sie glauben. Weltreligionen für Andersgläubige und Nachdenkende,* Freiburg 2013

# Ortsregister

*Anmerkung: Angaben beziehen sich auf Kartennummern*

# Stichwortverzeichnis

*Anmerkung: Angaben beziehen sich auf Seitenzahlen; kursivierte Zahlen beziehen sich auf die Bebilderung der jeweiligen Seite.*